Leitfaden für erfolgreiche Immobilienmakler

Dr. Burkard Weth

Dr. Burkard Weth

Erfolgreich als Immobilienmakler

– Ein Leitfaden –

Shaker Media

Bibliografische Information der Deutschen Nationalbibliothek
Die Deutsche Nationalbibliothek verzeichnet diese Publikation in der Deutschen Nationalbibliografie; detaillierte bibliografische Daten sind im Internet über http://dnb.d-nb.de abrufbar.

Coverbild: ©peterschreiber.media, stock.adobe.com (199461901)
Satz: Ramona Schreiber, Shaker Media GmbH
Umschlaggestaltung: Alicia Schaefer, Shaker Media GmbH

Printed in Germany.

ISBN 978-3-95631-836-8

Shaker Media GmbH • Am Langen Graben 15a • 52353 Düren
Telefon: 02421 / 99 0 11 - 40 • Telefax: 02421 / 99 0 11 - 49
Internet: www.shaker-media.de • E-Mail: info@shaker-media.de

Inhaltverzeichnis

Warum dieser Leitfaden?

Immobilienmakler gehören zu den Berufsgruppen mit dem schlechtesten Ansehen in der Bevölkerung. Anders als Pflegekräfte, Feuerwehrleute, Ärzte oder Müllleute tragen sie nicht offenkundig und für alle sichtbar zum Wohl der Gemeinschaft bei. Zusammen mit Politikern und Journalisten gehören insbesondere Wohnimmobilienmakler zu den Berufen, die in den meisten Beliebtheits-Rankings mit auf den letzten Plätzen rangieren.

Die Gründe sind dafür vielfältig, aber auch ambivalent. Am augenfälligsten ist das Thema der Provision. Die Provision ist das, wovon der Makler lebt und seinen Lebensunterhalt bestreitet. Immobilienmakler sind die einzigen Makler, die ihre Provisionen offenlegen müssen. Versicherungsvertreter, Reisebüros, Bankberater und einige mehr können den Mantel des Schweigens über ihre Provisionen legen. Deshalb wird über deren Provisionen auch nicht verhandelt. Nur, wenn etwas bekannt ist, besteht auch die Möglichkeit, sich darüber aufzuregen und seine Höhe in Frage zu stellen.

Die meisten Menschen kommen in ihrem Leben ein- bis zweimal mit einem Immobilienmakler in Kontakt. Es bestehen häufig Berührungsängste und vielleicht existiert auch nur ein diffuses Bild vom Tätigkeitsfeld des Immobilienmaklers. Da bringt jemand zwei Leute zusammen, die dann einen Kaufvertrag aufsetzen, und dafür kassiert er ab. Die Arbeit im Hintergrund – bei der es zugegebenermaßen von Makler zu Makler durchaus Qualitätsunterschiede geben kann – wird übersehen. Ein vernünftiges Exposé im Sinne des Auftraggebers zu erstellen, etliche Besichtigungen durchzuführen, das sind alles Zeitfresser, die vernünftig entlohnt gehören.

Das schlechte Image liegt vielleicht auch in der Tatsache begründet, dass die Einstiegshürden für diesen Beruf recht niedrig liegen. Dabei gehören eine Durchleuchtung auf kriminelle Vergangenheit und seriöse finanzielle Verhältnisse zu den Zulassungsvoraussetzungen. Und auch in fachlicher Hinsicht hat es in letzten Jahren eine Verschärfung der Anforderungen gegeben, beispielsweise mit der Einführung der Fortbildungspflicht.

Es besteht die Hoffnung, dass mit diesen Änderungen die deutschen Immobilienmakler in der Imageskala aufsteigen werden, so wie es in den USA, in Großbritannien oder den Niederlanden schon lange der Fall ist. Auch bei der Käuferprovision hat der Gesetzgeber Maßnahmen ergriffen. Das Bestellerprinzip hat Einzug gehalten. Der Käufer muss nur noch eine Provision zahlen, wenn der Verkäufer ebenfalls zur Kasse gebeten wird. Und mehr als der Verkäufer darf der Käufer ohnehin nicht zahlen. Um dies sicherzustellen, ist der Immobilienmakler zudem verpflichtet, dem Käufer die Höhe der Verkäuferprovision nachzuweisen.

Dieser Leitfaden möchte ein umfassendes Bild über den Beruf des Immobilienmaklers zeichnen und Anhaltspunkte aufzeigen, was einen guten und erfolgreichen Immobilienmakler ausmacht und wie er arbeitet. Vornehmlich richtet er sich an Immobilienmakler und Menschen, die darüber nachdenken, in diesen interessanten und vielfältigen Beruf einzusteigen. Aber vielleicht finden sich auch Leser, die anhand dieses Leitfadens ihr Bild über Immobilienmakler revidieren mögen.

Der Leitfaden beginnt mit einer Beschreibung des Stellenprofils und führt im Sinne eines Überblicks in die Kernthemen des Berufs ein. In den nachfolgenden Kapiteln werden bestimmte Kernbausteine der Maklertätigkeit herausgegriffen und etwas detaillierter erläutert. Zu diesen Bausteinen gehören beispielsweise die Gewerbeerlaubnis, das Vertragswesen, die Exposéerstellung u.v.m. Diverse Checklisten und eine Mustervorlage für einen Vertrag ergänzen den Leitfaden.

Das Stellenprofil des Immobilienmaklers

Grundlegende Voraussetzungen

Wenn der Beruf des Immobilienmaklers für Sie interessant sein sollte, müssen Sie sich zuallererst über Ihre persönliche Eignung Gedanken machen. Was müssen Sie für diese Tätigkeit mitbringen? In Deutschland gibt es Berufe mit komplizierten Zugangsvoraussetzungen und Berufe, die praktisch jeder ergreifen kann. Der Beruf des Immobilienmaklers gehört eindeutig in die zweite Kategorie. Der Begriff des Immobilienmaklers ist nicht geschützt, obwohl die Bezeichnung in der Gewerbeordnung auftaucht und diesem Beruf dort ein paar spezifische Tätigkeiten zugewiesen werden. Das deutsche Recht sieht jedoch keine besonderen beruflichen Qualifikationen, fachlichen Nachweise oder andere Voraussetzungen vor, die bei Nichtvorliegen einem Erwachsenen den Start in dieses Berufsfeld verweigern würden. Abgesehen von ein paar bürokratischen Pflichten, auf die später gesondert eingegangen wird, darf jeder geschäftsfähige Bürger in das Vermittlungsgeschäft von Grundstücken, Häusern und Wohnungen einsteigen.

Die wenigen Einschränkungen beziehen sich auf Personen, die Steuerschulden angesammelt haben, in einem Insolvenzverfahren stehen oder im Schuldnerverzeichnis gelistet sind. Kreditwürdigkeit und Seriosität sollte ein Immobilienmakler demnach automatisch mitbringen. Damit ist auch schon ein wesentlicher Punkt angesprochen, der zwar keine rechtliche Hürde zur Ausübung dieses interessanten und abwechslungsreichen Berufs darstellt, der aber deutlich macht, dass nicht unbedingt jeder für diesen Beruf geeignet ist.

Die Vermittlung und der Verkauf von Immobilien erfordern nicht nur Verkaufstalent, sondern auch fundierte Kenntnisse im Bau- und Steuerrecht. Bei der Durchführung von Objektbesichtigungen ergeben sich für die potenziellen Interessenten eine Vielzahl an Fragen. Stehen gesetzlich geforderte energetische Sanierungen an? Wie umfangreich und kostenträchtig werden diese sein? Dürfen kosmetische Änderungen am Objekt vorgenommen werden? Was sagen die örtlichen Bausatzungen dazu? Gibt es Tipps zur Finanzierung? Oder gibt es steuerliche Erleichterungen bzw. Erschwernisse, die sich nach der Nutzungsart richten? Auch wenn der Immobilienmakler nicht für alle dieser Themen verantwortlich zeichnet, so sollten Sie ein fundiertes Wissen und kompetentes Auftreten in diesen Fragen mitbringen, da genau dieses Begleitwissen entscheidend für erfolgreiche Abschlüsse sein kann.

Der Erfolg einer selbstständigen Unternehmung als Immobilienmakler hängt von der Standortwahl, den eigenen charakterlichen Eigenschaften und einer gewissen Vorbildung ab. Mit Hilfe dieser Grundausstattung ist es Ihnen als einem frischgebackenen Immobilienmakler möglich, erste erfolgreiche Projekte abzuschließen. Mit wachsender Berufserfahrung stellt sich dann auch der gute Leumund ein. Berufserfahrung und Leumund sind zwei der wichtigsten Merkmale, auf die Eigentümer schauen, die darüber nachdenken, den Verkauf ihrer Immobilie über einen Makler abzuwickeln.

Vorbildung und Wissen

Nach einer etwas älteren, nicht repräsentativen Umfrage der Europäischen Immobilien-Akademie sind etwa 73 % der Existenzgründer im Immobilienmaklerwesen Quereinsteiger. Nur 27 % haben vorher schon Erfahrungen als Angestellte in einem Maklerbüro gesammelt.

Der Immobilienmakler selbst ist zwar kein Ausbildungsberuf, aber es gibt Ausbildungswege, die viel von dem Wissen vermitteln, welches ein Immobilienmakler für seine Tätigkeit benötigt. Ein erfolgreicher Schulabschluss ist beispielsweise die Einstiegsvoraussetzung für eine Ausbildung zum Immobilienkaufmann oder zur Kauffrau für Grundstücks- und Wohnungswesen. In der Folge – entweder direkt danach oder nachdem Sie ein paar Jahre Berufserfahrung gesammelt haben – kann sich ein Studium anbieten, um die eigene Expertise auszubauen. Mögliche Studiengänge sind hierbei die Immobilienwirtschaft (Bachelor) oder der Betriebswirt Immobilienmanagement. Auch ein Fernstudium mit dem Abschluss geprüfter Immobilienfachwirt oder geprüfter Immobilienmakler ist eine sinnvolle Alternative.

Es lässt sich aus diesen verschiedenen Optionen herauslesen, dass ein Immobilienmakler wissenstechnisch in unterschiedlichen Gewässern fischt. Daher sollten Sie eine ausgeprägte Bereitschaft mitbringen, sich stetig weiterzubilden. Es ist sogar mittlerweile gesetzlich festgeschrieben, dass Immobilienmakler in regelmäßigen Abständen Weiterbildungen nachweisen müssen, auch wenn es einen initialen Sach- und Fachkundenachweis zum Berufseinstieg immer noch nicht gibt. Viele Industrie- und Handelskammern bieten spezifische Kurse an, mit denen Immobilienmakler ihr Wissen in Sachen Steuer- und Baurecht sowie anderen Feldern ausbauen und auf dem aktuellen Stand halten können.

Auch als Quereinsteiger sollten Sie sich nicht abschrecken lassen. Wer auf der Suche nach einer neuen beruflichen Herausforderung ist, hat mit dem Job des Immobilienmaklers alle Möglichkeiten, Fuß zu fassen. Dabei ist es selbstverständlich kein Nachteil, vorher einen kaufmännischen Beruf ausgeübt zu haben oder über Vertriebserfahrung zu verfügen. Festgeschriebene Bedingungen sind diese Vorkenntnisse jedoch nicht. Letztlich gibt es nichts, was nicht erlernt werden könnte. Aber die Bereitschaft zum Lernen, die muss vorhanden sein. Sollten Sie eine Selbstständigkeit als Immobilienmakler anstreben, ist ein Existenzgründer-Coaching zu empfehlen. Es betrifft nicht nur Immobilienmakler, auch die Gründer in anderen Branchen wissen oft nicht, wie beispielsweise ein Businessplan erstellt wird und welche Zuschüsse und Förderungen für Existenzgründer möglich sind.

Exkurs: Die Historie zum Sach- und Fachkundenachweis

Das erste Mal wurde der Sachkundenachweis für Immobilienmakler im Jahr 2016 ein größeres Thema. Der Immobilienverband IVD hatte einen solchen im Vorfeld gefordert, um einen gewerblichen Standard in der Branche zu schaffen und die Einstiegshürden in den Beruf etwas zu erschweren. Dadurch sollten Kunden vor schwarzen Schafen geschützt werden, aber auch die Makler selbst vor Rufschädigung durch die unseriösen Kollegen bewahrt werden.

Ein diesbezüglicher Gesetzentwurf existierte bereits im Sommer 2015. Die damals vorgesehene Regelung des § 34c der Gewerbeordnung, auf den später noch detaillierter eingegangen wird, sah für Immobilienmakler und Wohnungseigentumsverwalter einen gesetzlich begründeten Sachkundenachweis sowie eine Berufshaftpflichtversicherung vor. Aufgrund erheblicher Mängel, die der nationale Normenkontrollrat am Gesetzesentwurf feststellte, wurde dieser zur Überarbeitung an das Wirtschaftsministerium zurückverwiesen. Zur gleichen Zeit unterstützte der Petitionsausschuss des Bundestages eine Petition, die sich für den Sachkundenachweis aussprach.

Der Sachkundenachweis hätte bedeutet, dass Makler und Verwalter vor den Industrie- und Handelskammern der einzelnen Bundesländer eine Prüfung hätten ablegen müssen. Anerkannte Abschlüsse und Ausbildungen wären dabei angerechnet worden und Immobilienmakler, die seit mehr als sechs Jahren im Geschäft gewesen wären, wären von Prüfungspflicht befreit worden. Der Sachkundenachweis hätte als eine

Art Zertifikat dienen können, der einem potenziellen Auftraggeber gezeigt hätte, dass der Makler über ein fundiertes Grundwissen verfügt. Aber eine umfassende Aussage über die Qualität des Maklers hätte auch der Sachkundenachweis nicht gebracht. Kaufmännisches Geschick, Empfehlungen durch zufriedene Kunden, Bewertungen, die Servicequalität sowie stetige Fortbildung sind durch den Sachkundenachweis nicht abgedeckte Merkmale, an denen ein guter Immobilienmakler jedoch auch zu erkennen sein sollte.

Der Werdegang des Gesetzes sah zunächst positiv aus. Im August 2016 verabschiedete das Kabinett den Entwurf, der im Oktober desselben Jahres in den Bundesrat ging. In der nachfolgenden Änderungsdiskussion verschwand der Sachkundenachweis aus dem Entwurf. Übrig blieb immerhin die Fortbildungspflicht. Im Juni 2017 verabschiedete der Bundestag das Gesetz und im April 2018 erließ der Bundesrat die entsprechende Verordnung. Im Dezember 2020 wurde mit der Reform des Wohnungseigentumsgesetzes das Thema für Hausverwalter noch einmal aufgegriffen, die seitdem unter bestimmten Umständen ein solches Zertifikat beibringen müssen. Für Immobilienmakler änderte sich nichts.

Die Weiterbildungsverpflichtung

Für Immobilienmakler besteht jedoch eine Pflicht zur regelmäßigen fachlichen Fortbildung. Die Weiterbildung muss innerhalb von drei Jahren im Umfang von jeweils 20 Stunden erfolgen und ist auch für Angestellte des Maklers verpflichtend, sofern sie unmittelbar bei der Vermittlung von Immobilien mitwirken.

Inhaltliche Aspekte der Weiterbildung für Immobilienmakler decken Themen der Kundenberatung (u.a. Besuchsvorbereitung), Grundlagen des Maklergeschäfts (u.a. Wertermittlung) oder rechtliche Grundlagen (u.a. Energieeinsparverordnung) ab. Die Weiterbildungen können in

Präsenzform, als begleitetes Selbststudium oder im Rahmen betriebsinterner Maßnahmen durchgeführt werden.

Bei einem Verstoß drohen Geldbußen in einer Höhe von bis zu 5.000 Euro. In den ersten drei Jahren nach Ausbildungsende sind jedoch diejenigen Makler von der Weiterbildungspflicht ausgenommen, die einen Abschluss als Immobilienkaufmann oder –frau vorweisen können oder ein entsprechendes Studium absolviert haben.

Kundenorientierung und Service

Neben dem nötigen Fachwissen, beispielsweise bei der Beurteilung der Wertentwicklung oder der aktuellen Bewertung eines Objektes im Auftrag von Kunden, müssen Sie als Immobilienmakler über die Fähigkeit verfügen, auf Ihre Kunden einzugehen. Kundenorientierung hat in diesem Fall zwei Ausprägungen. Da ist einerseits der Servicegedanke, mit einem entsprechenden Angebot dem Kunden so viel Arbeit und Aufwand wie möglich abzunehmen. Andererseits meint Kundenorientierung auch die Fähigkeit, sich in die Kunden hineinzuversetzen und ihre Wünsche und Motivationen zu verstehen und nachzuvollziehen.

Mit Kunden sind im zweiten Fall sowohl die Verkäufer, in deren Auftrag Sie als Makler Immobilienobjekte vermitteln, als auch potenzielle Käufer gemeint. Ein Immobilienkäufer muss damit leben, dass Verkäufer überzogene Erwartungen an den Verkaufspreis haben und dass Käufer immer auf der Suche nach Schnäppchen sind. Für diese Art der Kundenorientierung braucht der Immobilienmakler neben Menschenkenntnis auch eine umfassende Marktkenntnis, da zu erzielende Preise nicht nur durch die Wechselwirkung von Angebot und Nachfrage bestimmt werden. Ein Immobilienmakler muss in der Lage sein, alle Begleitaspekte realistisch einzuschätzen. Sowohl die Lage des Objekts als auch der bauliche Zustand und die Höhe anstehender Sanierungskosten wirken sich auf den Preis aus – positiv oder negativ.

Ein Hinweis auf mögliche Steuervorteile kann für einen erfolgreichen Abschluss Gold wert sein. Mit seiner Kompetenz kann ein Immobilienmakler auch Fragen beantworten, auf die ein potenzieller Käufer gar nicht gekommen wäre. Wenn sich ein Käufer bestimmter Vorteile gar nicht bewusst ist, dann müssen Sie als Immobilienmakler das erspüren und entsprechend darauf aufmerksam machen.

Aus der Service-Perspektive gehört nicht nur das Vorstellen und Besichtigen von Wohnungen und Häusern zum Job des Immobilienmaklers. Es geht bei einer ganzheitlichen Berufsauffassung auch darum, die Kunden bei der Erledigung bürokratischer Formalitäten zu unterstützen. Hilfestellungen beim Umgang mit Grundbuch- und Katasteramt gehören ebenso dazu wie ein erster Überblick über Finanzierungsmodelle. Mit einem entsprechenden Selbstverständnis als Verkäufer, Kundenbetreuer und Servicemitarbeiter zugleich sind Sie als Immobilienmakler auf einem guten Weg.

Aufgaben und Leistungen im Überblick

Im Rahmen eines Maklervertrags übernimmt der Immobilienmakler für seinen Auftraggeber eine Vielzahl unterschiedlicher Dienstleistungen. Üblicherweise vermittelt er im Auftrag eines Verkäufers oder Vermieters Objekte an interessierte Käufer oder Mieter. Prinzipiell kann er aber auch im andersherum gelagerten Fall agieren und im Auftrag von Mieter oder Käufer eine geeignete Immobilie suchen. Im Folgenden wird, wenn nicht anders angegeben, vornehmlich der klassische Fall beschrieben.

1. Der erste Schritt besteht in einem Gespräch mit dem Auftraggeber, in dem Sie die Verkaufsziele und die Vorgehensweise besprechen. Aufgrund der ersten Informationen, die Sie vom Verkäufer oder Vermieter erhalten, verschaffen Sie sich einen ersten Eindruck vom Objekt.

2. Im zweiten Schritt trägt der Immobilienmakler Detailinformationen zusammen, um eine genauere Werteinschätzung der Immobilie vornehmen zu können. Dazu gehören Unterlagen, die der Auftraggeber bereitstellt, aber auch eine Einschätzung, die der Immobilienmakler (oder ein Sachverständiger als Kooperationspartner) vor Ort vornimmt. Der bauliche Zustand, die energetische Ausstattung und eine Analyse des Standorts fließen in die Wertermittlung ein. Weiterhin werden Fotos aufgenommen, um das Gebäude oder die Wohnung sowohl von innen als auch von außen zu dokumentieren.

3. Nach einem Abgleich zwischen Werteinschätzung und Verkaufspreis (wahlweise auch Mietpreis), der durchaus noch einmal zu Diskussionen zwischen Ihnen und Ihrem Auftraggeber führen kann, folgt die Erstellung des Exposés. Dieses sollte möglichst aussagekräftig sein und relativ wenige Fragen zum Objekt an sich offenlassen.

4. Im nächsten Schritt wird die Immobilie beworben. Dazu gibt es diverse Möglichkeiten. Die Immobilie kann auf der eigenen Webseite des Maklers, in einschlägigen Internet-Portale oder auch in Tageszeitungen (Print oder Online) präsentiert werden. Etwas direktere Möglichkeiten der Werbung sind der Verkaufsgalgen vor Ort oder die Nutzung der Kundendatenbank des Maklers.

5. Wenn die ersten Anfragen eingetroffen sind, selektieren Sie die potenziellen Kaufinteressenten vor und koordinieren die Besichtigungstermine.

6. Die Durchführung der Besichtigungstermine und das Vorstellen der Immobilie im Detail gehören zum sechsten Schritt. Für diesen Schritt bedarf es einer besonderen Vorbereitung. Welche Fragen können seitens der Interessenten gestellt werden? Wie läuft die

Kommunikation etwaiger Mängel ab? Welche etwaigen Bedenken können mit welchen Argumenten entkräftet werden?

7. Liegt ein ernsthaftes Interesse vor, steigen Sie üblicherweise direkt in die Verkaufsverhandlungen ein und versuchen, eine Balance zwischen Verkäufer- und Käuferinteressen bzw. Vermieter- und Mieterinteressen zu finden.

8. Wenn die Verkaufsverhandlungen erfolgreich verlaufen sind, geht es um die Abwicklung der Formalitäten rund um den Kauf. Der Makler bereitet den Kaufvertrag vor und stimmt die Details mit beiden Parteien ab.

9. Abschließend begleiten Sie die beiden beteiligten Parteien zur notariellen Beurkundung und moderieren die Übergabe der Immobilie.

Die Vergütung

§§ 652-654 BGB regeln das Zustandekommen eines Lohnanspruchs für eine Maklerleistung. Die Vergütung oder Bezahlung eines Immobilienmaklers für seine erbrachten Dienstleistungen wird auch als Provision, Erfolgshonorar oder Courtage bezeichnet. Rechtlich muss der Immobilienmakler einige Punkte beachten und bestimmte Voraussetzungen erfüllen, damit er seinen Provisionsanspruch durchsetzen kann. Aus § 652 Abs. 1 BGB lassen sich fünf Bedingungen ableiten:

1. Es muss ein wirksamer Maklervertrag zwischen Auftraggeber und Makler vorliegen. Auf Details der Vertragsgestaltung wird an späterer Stelle noch ausführlich eingegangen.

2. Eine Maklertätigkeit muss erbracht werden. Dabei handelt es sich entweder um eine sogenannte Nachweis- oder eine Vermittlungstätigkeit. Die Unterschiede werden ebenfalls an späterer Stelle näher erläutert.

3. Ein Hauptvertrag muss zustande kommen. Der Hauptvertrag ist der Vertrag, der abschließend zwischen dem Auftraggeber und dem Käufer abgeschlossen wird.

4. Es muss ein Zusammenhang zwischen der Maklertätigkeit und dem Vertragsabschluss bestehen und erkennbar sein.

5. Der Auftraggeber weiß von der Tätigkeit des Maklers. Das ist eigentlich eine Selbstverständlichkeit, aber es lassen sich Fälle konstruieren, wo der Makler am Auftraggeber vorbei handelt.

Der Immobilienmakler kann seinen Anspruch auf Provision auch verwirken, wenn er für die Gegenseite gleichzeitig tätig ist. Makler und Auftraggeber gehen eine sogenannte Prinzipal-Agent-Beziehung ein, in der der Agent (Makler) die Interessen des Prinzipals (Auftraggeber) vertritt. Dieses kann der Immobilienmakler nicht vollumfänglich leisten, wenn er für den anderen Vertragspartner auch tätig ist (§ 654 BGB). Nichtsdestotrotz sorgt der Immobilienmakler im Rahmen seiner Vermittlungsaufgaben für einen Interessenausgleich.

Die Höhe der Courtage ist gesetzlich nicht geregelt. § 653 Abs. 2 BGB sieht vor, dass bei einer fehlenden konkreten Vereinbarung eine Taxe bzw. der ortsübliche Lohn herangezogen wird. Ansonsten ist die fällige Provision frei verhandelbar. Üblich sind zwischen 3 und 7 % bei Kaufimmobilien und zwei Monatsmieten bei Mietobjekten mit breiten geografischen Streuungen.

In einzelnen Bundesländern existierten früher unterschiedliche Regelungen, nach denen entweder nur der Käufer oder Käufer und Verkäufer gemeinsam die Courtage zu tragen haben. Verbraucherorganisationen kritisierten dies und wiesen auf das Bestellerprinzip hin. Seit Dezember 2020 ist ein Gesetz in Kraft, dass bundesweit die Aufteilung der Courtage auf Käufer und Verkäufer vorsieht. Begründet wird dies mit der Tatsache, dass beide Parteien Nutzen aus der Vermittlungstätigkeit des Maklers ziehen. Der Käufer darf maximal die Hälfte der Courtage bezahlen. Wenn der Makler also mit dem Auftraggeber eine Provision von 2,5% vereinbart hat, kann er vom Käufer maximal eine Courtage in gleicher Höhe verlangen. Damit dies auch sichergestellt ist, ist der Immobilienmakler verpflichtet, dem Käufer nachzuweisen, wie hoch die Verkäuferprovision ist.

Die Regelung der geteilten Courtage gilt jedoch nur für den Bereich privater Kaufimmobilien, also bei Eigentumswohnungen und Einfamilienhäusern. Bei gewerblichen Immobilien, Mehrfamilienhäusern, gemischt genutzten Objekten sowie Baugrundstücken gibt es weiterhin alle Freiheiten der Provionsgestaltung.

Bei Mietwohnungen gilt das Bestellerprinzip. Derjenige, der den Makler beauftragt, bezahlt die volle Provision. Hier greift der Verbraucher- bzw. Mieterschutz, der Mieter vor ungerechtfertigten Mehrkosten bewahren soll. Dabei ist jedoch auch zu beachten, dass gerade in Regionen mit hoher Nachfrage ein Mieter als Auftraggeber des Immobilienmaklers auftritt. In einer solchen Konstellation bezahlt der Mieter die Courtage. Wenn der Mieter die Courtage zu tragen hat, ist diese auf zwei Monatsmieten begrenzt.

Die Gewerbeordnung ebnet den Weg zum Immobilienmakler

Vor die Berufsausübung hat das Schicksal in Form des Gesetzgebers die Bürokratie gesetzt. Deshalb widmet sich dieser Leitfaden nach der oben erfolgten Stellenprofil-Beschreibung zunächst etwas ausführlicher dem Prozedere, wie Sie die Erlaubnis erhalten, den Job auch ausüben zu dürfen. Immobilienmakler und andere Berufsgruppen brauchen gemäß Gewerbeordnung (GewO) für die Ausübung ihrer Tätigkeit eine Gewerbeerlaubnis. Entscheidend ist hierfür § 34c GewO. Mit dieser Gewerbeerlaubnis soll insbesondere der Nachweis persönlicher Zuverlässigkeit und geordneter Vermögensverhältnisse erbracht werden.

Wer benötigt die Gewerbeerlaubnis nach § 34c GewO?

§ 34c GewO führt aus, dass die Tätigkeit von Immobilienmaklern, Darlehensvermittlern, Bauträgern, Baubetreuern und Wohnimmobilienverwaltern erlaubnispflichtig ist. Anders ausgedrückt heißt das, dass Berufsgruppen, die beispielsweise Grundstücke, Immobilien oder Darlehensverträge um Werte Dritter vermitteln, sich diese Erlaubnis nach § 34c GewO verpflichtend einholen müssen, bevor sie ihre Tätigkeit aufnehmen.

Die Motivation des Gesetzgebers, diese Erlaubnispflicht einzuführen, liegt in der Annahme begründet, dass in diesen Tätigkeitsfeldern ein besonderes Vertrauensverhältnis gefragt ist. Einerseits sind die Themen Immobilien und Finanzen generell sehr sensibel, andererseits gibt es im Zusammenhang mit diesen Aktivitäten eine Vielzahl gesetzlicher Bestimmungen, die eingehalten werden müssen. Also sollten Sie als ein Vertreter dieser Berufsgruppen selbst solide finanzielle Verhältnisse nachweisen können und müssen durch Verlässlichkeit glänzen.

Die gewerbsmäßigen Tätigkeiten von Maklern, Bauträgern, Baubetreuern und Wohnimmobilienverwaltern, für die diese Erlaubnispflicht gilt, lassen sich gemäß § 34c GewO wie folgt beschreiben:

- Vermittlung von Vertragsabschlüssen über Grundstücke, grundstücksgleiche Rechte, gewerbliche Räume oder Wohnräume sowie der Nachweis über die Gelegenheit zum Abschluss derartiger Verträge
- Vermittlung des Abschlusses von Darlehensverträgen inklusive des Nachweises der Gelegenheit, solche Verträge abzuschließen
- Vorbereitung und Durchführung von Bauvorhaben als Bauherr im eigenen Namen für eigene oder fremde Rechnung, wobei Vermögenswerte von Erwerbern, Mietern, Pächtern oder sonstigen Nutzungsberechtigten oder von Bewerbern um Erwerbs- oder Nutzungsrechte verwendet werden

- Vorbereitung und Durchführung von Bauvorhaben als Baubetreuer in fremden Namen für fremde Rechnung
- Verwaltung des gemeinschaftlichen Eigentums von Wohnungseigentümern oder von Mietverhältnissen über Wohnräume für Dritte

Ausgenommen von der Erlaubnispflicht sind beispielsweise Kreditinstitute. Für sie und ihre Zweigstellen wurde bereits entsprechend des Kreditwesengesetzes eine Erlaubnis erteilt. Außerdem fallen Gewerbetreibende, die Darlehen nur vermitteln, um eine Finanzierung von abgeschlossenen Warenverkäufen oder zu erbringenden Dienstleistungen zu gewährleisten, nicht unter die Bestimmungen von § 34c GewO. Dasselbe gilt für Zweigstellenniederlassungen von Firmen mit Sitz in einem anderen Mitgliedsstaat der EU.

Wer ist für die Erteilung der Gewerbeerlaubnis zuständig?

Falls Sie eine Gewerbeerlaubnis nach § 34c GewO beantragen möchten, müssen Sie sich an die zuständige Kreisverwaltungsbehörde wenden. In Landkreisen ist dies das Landratsamt, in kreisfreien Städten ist das Ordnungsamt der richtige Ansprechpartner. Die regionale Zuständigkeit variiert jedoch je nach Status des Antragstellers. N*atürliche Personen* können ihren Antrag nach § 34c GewO bei der Behörde einreichen, in deren räumlichen Zuständigkeitsbereich die spätere Betriebsstätte liegen wird. Sofern dies zur Zeit der Antragsstellung noch nicht abschließend bekannt ist, kann die Erlaubnis auch bei der Wohnsitzbehörde eingeholt werden. *Juristische Personen* reichen ihren Antrag bei der Behörde ein, in deren Zuständigkeitsbereich der Ort der Hauptniederlassung liegt. Einige Behörden haben die Abwicklung der Anträge ausgelagert, beispielsweise an die örtliche IHK.

Wie erfolgt die Erteilung der Gewerbeerlaubnis nach § 34c GewO?

Das Verfahren zur Erteilung der Gewerbeerlaubnis nach § 34c GewO gliedert sich in drei Schritte: Antragstellung, Prüfung und Gebührenbescheid. Aus Sicht des Antragstellers ist selbstverständlich der erste Schritt mit dem meisten Aufwand verbunden.

Im ersten Schritt müssen Sie das Antragsformular mit dem Titel „Antrag auf Erteilung einer Erlaubnis nach § 34c Gewerbeordnung (GewO)" ausfüllen, welches bei der zuständigen Behörde ausliegt und in der Regel auch online verfügbar ist. Zusätzlich gilt es, ein paar Unterlagen zu besorgen. Bei der Ausfüllung des Formulars müssen – salopp formuliert – die Hosen heruntergelassen werden. Es gibt eine Selbstauskunftspflicht zu den eigenen Vermögensverhältnissen und auch zu möglichen Straftaten und Gesetzeskonflikten aus der Vergangenheit. Die Selbstauskunft reicht allerdings nicht aus. Es müssen noch zusätzliche Dokumente beigebracht werden:

1. Kopie des Personalausweises oder des Reisepasses

2. Auskunft aus dem Bundeszentralregister (Führungszeugnis) zur Vorlage bei einer Behörde (Belegart 0)

3. Gewerbezentralregisterauszug zur Vorlage bei einer Behörde (Belegart 9)

4. (Unbedenklichkeits)-Bescheinigung in Steuersachen

5. Auszug aus dem Schuldnerverzeichnis

6. Bescheinigung des Insolvenzgerichts, dass kein Verfahren anhängig ist

Für juristische Personen gilt, dass die Unterlagen für die juristische Person sowie alle Vorstände und gesetzlich Vertretungsberechtigte beigebracht werden. Auch eine Kopie des Handelsregisterauszugs und des Gesellschaftsvertrags sind notwendig. Die Dokumente 2 und 3 sind bei der Gemeindeverwaltung am jeweiligen Wohnsitz zu beziehen, Dokument 4 beim zuständigen Finanzamt, Dokument 5 im Internet unter www.vollstreckungsportal.de und Dokument 6 beim örtlichen Amtsgericht.

Wenn alles ausgefüllt und eingereicht ist, erfolgt **im zweiten Schritt** die Prüfung bei der zuständigen Behörde. Dies kann mehrere Tage bis einige Wochen dauern. Eine Erlaubnis wird nur erteilt, wenn Sie als Antragsteller oder eine mit der Leitung des Gewerbes beauftragte Person die erforderliche Zuverlässigkeit besitzen. Die prüfende Behörde kommt zu einem negativen Ergebnis, wenn der Antragsteller oder der Betriebsleiter in den zurückliegenden fünf Jahren wegen eines Verbrechens wie Diebstahl, Unterschlagung, Erpressung, Betrug, Untreue, Urkundenfälschung, Hehlerei, Wucher oder wegen einer Konkurs- beziehungsweise Insolvenzstraftat rechtskräftig verurteilt wurden. Die geordneten Vermögensverhältnisse werden nicht gesehen, wenn über das Vermögen des Antragstellers entweder ein Insolvenzverfahren eröffnet oder mangels Masse abgewiesen wurde. Auch sollten keine Eintragungen über Haftanordnungen beziehungsweise eidesstattliche Versicherungen in den Schuldnerlisten der Amtsgerichte bestehen.

Wenn solche sogenannten Versagungsgründe nicht vorliegen, haben Sie einen Rechtsanspruch auf die Erteilung der Gewerbeerlaubnis. Es besteht jedoch die Möglichkeit, dass diese auch nachträglich noch inhaltlich beschränkt oder mit Auflagen verknüpft werden kann.

Als **dritter Schritt** folgt der Gebührenbescheid, der mit dem Ergebnis der Prüfung zugestellt wird. Die Kosten können stark schwanken und richten sich nach der Anzahl und dem Umfang der Tätigkeiten, die beantragt werden. Auch die Rechtspersönlichkeit und die Region, in der die Behörde ansässig ist, spielen eine Rolle. Darlehensvermittler können in manchen Fällen mit etwa 2.000 € zur Kasse gebeten werden. Bei Immobilienmaklern oder Bauherren liegen die Gebühren erfahrungsgemäß eher im niedrigeren dreistelligen Bereich.

Verträge müssen sein

Vor einem Vertrag müssen zunächst Kunden gewonnen werden und die entsprechenden Verkaufs- oder Vermittlungsziele vereinbart werden. Erst dann kann ein Maklervertrag aufgesetzt werden. Aber die Gestaltung des Vertrags ist ein eminent wichtiger Bestandteil des Maklerwesens, so dass dieser Leitfaden das Vertragswesen als eines der ersten Themen im Detail aufgreift. Aus dem Vertrag ergeben sich Ihre Provisionsansprüche als Makler, von denen sie schließlich Ihren Lebensunterhalt bestreiten. Und nach dem Maklerrecht sind an den Provisionsanspruch einige Bedingungen geknüpft, die eingehalten werden müssen. Eine Besonderheit des Maklerwesens ist, dass das Ziel des Vertrags beziehungsweise seine Erfüllung darin besteht, einen weiteren Vertrag – den Hauptvertrag – zwischen dem Auftraggeber des Maklers und einem Dritten abzuschließen. Weitere wichtige Themen, die zu beachten sind, sind Haftungsthemen. In kaum einer Branche wird so viel geklagt wie in der Bau- und Immobilienbranche. Aber bevor die Verträge in den Mittelpunkt gestellt werden, ist es sinnvoll, die beiden grundlegenden Maklertätigkeiten zu beschreiben, die als Leistungsart in den Maklerverträgen niedergelegt werden. Es geht um die sogenannte Nachweistätigkeit und die darüber hinausgehende Vermittlungstätigkeit.

Nachweismakler und Vermittlungsmakler

Makler gibt es nicht nur in der Immobilienbranche. Auch im Versicherungs- und Finanzwesen sind Makler aktiv. Ihre Existenzberechtigung ziehen Makler daraus, dass sie mit einer Marktkenntnis ausgestattet sind, die es ihnen ermöglicht, deutlich effektiver als Verkäufer, Käufer, Vermieter oder Mieter einer Immobilie bei der Suche nach einem geeigneten Objekt oder einem geeigneten Nutzer agieren zu können. So sorgen sie bei den anderen Beteiligten des Such- und Findungsprozesses für eine erhebliche Zeit- und auch Kostenersparnis. Die Tätigkeit des Immobilienmaklers zeichnet sich entweder durch den Nachweis oder die Vermittlung von Gelegenheiten zum Abschluss von Kauf-, Miet- und Pachtverträgen aus. Damit sind die grundsätzlichen zwei Arten von Maklertätigkeiten genannt, zwischen denen im Gesetz (§ 652 I 1 BGB) unterscheiden wird: der Nachweismakler und der Vermittlungsmakler.

Der **Nachweismakler** weist im Wesentlichen einen Interessenten / Auftraggeber auf eine für ihn bis dahin unbekannte Gelegenheit zum Abschluss des Hauptvertrages hin, das heißt, er macht sie ihm bekannt. In der Folge sollte der Interessent in der Lage sein, basierend auf den Informationen des Maklers ohne weitere Umstände in konkrete Vertragsverhandlungen mit dem möglichen Hauptvertragspartner einzutreten. Dies kann der Eigentümer, der Vermieter, der Käufer oder der Mieter eines Objekts sein. Im Zuge dieser Maklertätigkeit ist es wichtig, dass der Makler dem Interessenten regelmäßig Namen und Anschrift möglicher Hauptvertragspartner zukommen lässt. Er muss auch sicherstellen, dass die offenbarte Gelegenheit dem Auftraggeber bisher nicht bekannt war. Eine Nachweistätigkeit liegt nach allgemeinem Verständnis auch nur dann vor, wenn der vermeintliche Hauptvertragspartner eine Bereitschaft zum Abschluss des vom Auftraggeber beabsichtigten Vertrags mitbringt.

Die Arbeit eines **Vermittlungsmaklers** geht deutlich weiter. Über den Nachweis der Gelegenheit hinaus übt der Makler eine Vermittlungstätigkeit bei den Verhandlungen zum Hauptvertrag aus. Nach allgemeinem Verständnis ist eine Vermittlung die bewusste und endgültige Förderung der Abschlussbereitschaft des Hauptvertragspartners. Im Zuge der Vermittlung muss der Immobilienmakler mit beiden Seiten verhandeln. Er tritt in Verbindung mit einem Dritten und wirkt auf dessen Willensbildung ein. Dabei ist es nicht notwendig, dass er sich um alles kümmert. Er muss beispielsweise nicht mit beiden Parteien gleichzeitig verhandeln und er muss auch nicht beim Abschluss des Hauptvertrages direkt selbst mitwirken. Ein klar erkennbares Einwirken in Richtung des Ziels reicht aus.

Eine Nachweis- oder Vermittlungstätigkeit des Maklers liegt nicht vor, wenn er mit einer der beiden Parteien finanziell oder persönlich verbunden ist. In einer solchen Konstellation liegt eine sogenannte wirtschaftliche Verflechtung vor. Eine Einwirkung des Maklers auf die Willensentscheidung des Geschäftspartners ist in diesem Fall unmöglich, da er nicht mehr als Dritter zwischen den beiden Hauptvertragspartnern agiert, sondern im Extremfall sogar eigene Interessen berührt sind. Als Beispiel einer wirtschaftlichen Verflechtung kann angeführt werden, dass der Makler an einer Hauptvertragspartei wirtschaftlich oder rechtlich beteiligt ist. Ein denkbarer Fall wäre, dass ein Bauträger eine Maklergesellschaft gründet, der er dann den Verkauf der Eigentumswohnungen überträgt.

Bei der Vertragsgestaltung muss die Art der Tätigkeit durch den Makler spezifiziert werden, um den Provisionsanspruch zu sichern. Ein Nachweismakler kann für Vermittlungstätigkeiten typischerweise keinen Anspruch auf die Provision oder Courtage geltend machen, was umgekehrt genauso gilt. Wenn sich die geschuldete Tätigkeit des Immobilienmaklers keiner der beiden Tätigkeitsarten zuordnen lässt, dann entsteht nach Maklerrecht ebenfalls kein Provisionsanspruch. Daher sollten aus der Sicht des Immobilienmaklers sowohl die Nachweis- als auch die Vermittlungstätigkeit vereinbart werden, damit der Anspruch auf die Courtage schon durch eine der beiden Tätigkeitsarten entsteht.

Der Maklervertrag

Der Maklervertrag ist eine wichtige Grundlage für die Tätigkeit eines Immobilienmaklers. Aus ihm ergeben sich die Ansprüche auf eine Provision beziehungsweise Courtage, von der der Makler seinen Lebensunterhalt bestreiten muss. Mit dem Maklervertrag allein sichern Sie diese Provision allerdings nicht, sondern erst durch seine Erfüllung.

Ein Maklervertrag kann prinzipiell über einen formfreien Abschluss zustande kommen. Damit ist gemeint, dass er nicht zwingend schriftlich fixiert werden muss, sondern dass eine mündliche Absprache grundsätzlich ausreichend ist. Aber wie sagt schon das Sprichwort: „Vertrauen ist gut, Kontrolle ist besser." Für später denkbare Streitfälle ist es immer empfehlenswert, den Maklervertrag schriftlich abzuschließen, um ein Beweisstück in der Hand zu haben. Vom Grundsatz der Formfreiheit gibt es jedoch ein paar Ausnahmen:

- Die erste Ausnahme liegt dann vor, wenn mit dem Hauptgeschäft gleichzeitig der Abschluss eines Grundstückkaufvertrags verknüpft ist. Hier greift § 311 b BGB und fordert eine notarielle Beurkundung.
- Formfreiheit ist zweitens ausgeschlossen, wenn der Maklervertrag Vereinbarungen zu empfindlichen Vertragsstrafen, Aufwendungspauschalen beziehungsweise erfolgsunabhängigen Provisionen enthalten soll.
- Die Schriftform ist eine Wirksamkeitsvoraussetzung des Maklervertrags, wenn ein sogenannter Alleinauftrag vorliegt. Das ist dann der Fall, wenn sowohl Makler als auch Interessent Unternehmen im Sinne von § 18 GWB sind.

Mit Blick auf die Formfreiheit stellt sich die Frage, ab wann ein Maklervertrag zustande gekommen ist. Wenn sich ein Interessent auf eine Annonce des Maklers meldet und sich nach bestimmten Objekten aus dem Inserat erkundigt, so liegt noch kein Maklervertrag vor. Der Interessent benötigt lediglich weitere Informationen, um zu bewerten, ob die Objekte seinen Vorstellungen entsprechen und ob er seinerseits dem Immobilienmakler ein Angebot zum Vertragsabschluss machen will. Die Sachlage ist anders, wenn der Interessent beispielsweise selbst in der Zeitung inseriert und der Makler ihm daraufhin ein Angebot zum Abschluss eines Maklervertrages macht. Wenn der Interessent in der Folge ausdrücklich um die Benennung von Kauf- oder Verkaufsgelegenheiten bittet, dann gilt der Maklervertrag als zustande gekommen.

Der Inhalt eines Maklervertrags besteht im Wesentlichen aus einer Verpflichtung des Interessenten, dem Makler eine Courtage zu zahlen, wenn mit dessen Hilfe das sogenannte Hauptgeschäft zustande kommt. Der sich auf dieses Hauptgeschäft beziehende Hauptvertrag bezieht sich je nach Maklerbranche auf die unterschiedlichsten Gegenstände. Bei Immobilienmaklern stehen regelmäßig der Verkauf, die Vermietung oder die Verpachtung einer Immobilie auf der Agenda. Zum Abschluss des Hauptvertrages müssen die durch Gesetz, Standesregelungen und die guten Sitten festgelegten Grenzen berücksichtigt und beachtet werden. Der Makler muss im Maklervertrag verdeutlichen, dass er eine entgeltliche Leistung erbringen wird, und zwar gerade und genau für den potenziellen Interessenten, seinen Auftraggeber. Der Makler hat die Verpflichtung, die Verhältnisse klarzustellen, was bedeutet, dass er auf die Provisionspflicht hinweisen muss. Wenn irgendwelche Unklarheiten zurückbleiben, gehen diese zu Lasten des Immobilienmaklers.

Maklerverträge können auch unwirksam sein. Das ist beispielsweise der Fall, wenn die oben beschriebenen Regelungen zur Formvorschrift nicht eingehalten werden. Eine Unwirksamkeit des Maklervertrags kann auch vorliegen, wenn er sittenwidrig ist (vgl. § 138 BGB). Eine Sittenwidrigkeit wird üblicherweise dann angenommen, wenn der Interessent durch die Vertragsklauseln eine zu starke Einschränkung in seiner Entscheidungsfreiheit erfährt, was auch als sogenannte „Knebelung" bekannt ist. Dies ist insbesondere dann der Fall, wenn es zu einer langfristigen und ausschließlichen Bindung des Interessenten an den Makler kommt. In einer anderen Variante könnte durch bestimmte Abreden die Gefahr erzeugt werden, dass der Makler allein zum „Herrn des Geschäfts" wird und beispielsweise selbst die Höhe seiner Courtage festlegen kann.

Im Anhang dieses Leitfadens finden Sie das Muster eines Maklervertrags. Dieses dient lediglich als Anregung. Wichtige Bestandteile, auf die Sie jedoch unbedingt achten sollten, sind der Abschluss eines Alleinauftrags und die realistische Definition der Verkaufsziele, zumindest aber des Minimalziels.

Der Hauptvertrag

Ihr vornehmliches Ziel als Immobilienmakler ist die Herbeiführung des im Maklervertrag genannten Hauptvertrags. Erst dann haben Sie Ihre Leistung erbracht und Ihren Teil erfüllt und erwerben den Anspruch auf Ihre Courtage. Eine wichtige Bedingung zum Hauptvertrag, der üblicherweise ein notarieller Kaufvertrag bei Grundstücksgeschäften oder ein Mietvertrag über Wohn- und Gewerberaum ist, ist sein rechtswirksames Zustandekommen.

Das Zustandekommen des Hauptvertrags muss so erfolgt sein, wie es der Maklervertrag vorgegeben hat. Unter dem Begriff der „Identität" wird in diesem Zusammenhang verstanden, dass der Hauptvertrag in sachlichen und persönlichen Belangen mit der Absicht des Interessenten übereinstimmt. Eine andere Bezeichnung dafür ist die sachliche und persönliche Kongruenz.

Unter der sachlichen Kongruenz wird dabei im Wesentlichen eine wirtschaftliche Äquivalenz zur Zielvorgabe verstanden. Wenn diese nicht vorliegt, ist der Provisionsanspruch gefährdet. Der abgeschlossene Hauptvertrag wird beispielsweise dann als wirtschaftlich ungleichwertig angesehen, wenn ein Objekt nur gemietet statt gekauft oder gepachtet statt geleast wird. Auch wenn ein erheblicher Unterschied zwischen Preisvorgabe und dem tatsächlich erzielten Preis vorliegt, wird nicht von wirtschaftlicher Gleichwertigkeit ausgegangen. Mit Blick auf die Rechtsprechung liegt eine solche erhebliche Differenz bereits bei etwa 10 % Preisunterschied vor.

Die persönliche Kongruenz zielt darauf ab, mit wem der Hauptvertrag abgeschlossen wurde. Der Vertragspartner muss vom Kunden gewollt sein und ein vom Makler nachgewiesener oder vermittelter Dritter sein.

Für die Praxis richtet sich die pflichtgemäße Erfüllung der Anforderungen an die sachliche und persönliche Kongruenz sehr wesentlich danach, wie präzise die Wünsche des Interessenten festgehalten werden. Je ungenauer, desto breiter der Interpretationsspielraum. Bei einem Vorgespräch zum Maklervertrag ist es deshalb wichtig, dass Makler und Interessent gemeinsam zu einer realistischen Einschätzung des Objekts kommen.

Genauso wie der Maklervertrag kann auch ein abgeschlossener Hauptvertrag aus den unterschiedlichsten Gründen unwirksam sein oder später unwirksam werden. Das hat Auswirkungen auf den Provisionsanspruch. In einigen Fällen kann der Provisionsanspruch sogar verfallen und Sie müssen als Makler eine bereits erhaltene Courtage zurückzahlen. Beispiele hierfür sind:

- Eine Partei des Hauptvertrages ficht diesen erfolgreich an, weil beispielsweise der Käufer einer Immobilie vom Verkäufer arglistig getäuscht wurde. In diesem Fall gilt der Hauptvertrag als von vornherein nichtig.
- Im Hauptvertrag ist ein zeitlich befristetes Rücktrittsrecht vereinbart, welches an keine weiteren Bedingungen geknüpft ist. Wenn von diesem Rücktrittsrecht Gebrauch gemacht wird, wird der Hauptvertrag unwirksam.

In anderen Fällen ist die bereits erfolgte Provisionszahlung nicht betroffen. Dies gilt unter anderem, wenn der Hauptvertrag nachträglich rückgängig gemacht wird, beispielsweise durch einen Aufhebungsvertrag, eine Kündigung oder durch einen anderweitig gesetzlich oder vertraglich geregelten Rücktritt.

Ist der Hauptvertrag unter Vorliegen einer aufschiebenden Bedingung geschlossen, so gilt er erst als wirksam, wenn diese Bedingung erfüllt wurde. In diesem Fall ist auch der Provisionsanspruch erst mit Eintreten der Bedingung gültig. Ein solcher Fall liegt beispielsweise vor, wenn noch behördliche Genehmigungen ausstehen.

Einen Sonderfall stellt der Erwerb einer Immobilie in einer Zwangsversteigerung dar. Wenn ein Interessent durch einen Makler auf solch eine Gelegenheit hingewiesen wird und er das Objekt in der Zwangsversteigerung erwirbt, entsteht kein Provisionsanspruch. Nach Ansicht des Bundesgerichtshofs ist die Maklertätigkeit auf den Abschluss eines Hauptvertrages ausgerichtet. Der Erwerb in der Zwangsversteigerung ist jedoch nicht das Resultat eines Vertragserfolgs, sondern eines staatlichen Hoheitsakts. Es ist allerdings möglich, dass Makler und Interessent eine Vereinbarung treffen, die auch für den Fall eines Nachweises durch die Weitergabe von Informationen zum Erwerb in einer Zwangsversteigerung ein Provisionsversprechen beinhaltet.

Der Immobilien-Vorvertrag

Neben dem Maklervertrag und dem Hauptvertrag ist gelegentlich auch vom sogenannten Immobilien-Vorvertrag die Rede. Um es gleich vorwegzunehmen: Von diesem Vertrag ist im Grundsatz abzuraten.

Sinn des Immobilien-Vorvertrags soll es sein, zwischen Käufer und Verkäufer eine gewisse Sicherheit herzustellen und eine gegenseitige Kauf-/Verkaufsabsicht zu dokumentieren. Das Problem ist jedoch, dass solche Vorverträge nur rechtlich bindend sind, wenn sie vom Notar beurkundet wurden (vgl. § 311 b BGB). Ziel eines korrekt abgeschlossenen Vorvertrags wäre es, beide möglichen Vertragsparteien zum Abschluss des Hauptvertrages zu verpflichten. Dazu müssen im Prinzip alle relevanten Punkte des Hauptvertrags fixiert werden. Erfüllt ein Vertragspartner die vereinbarten Punkte des Vorvertrags nicht, so hat die andere Partei eventuell die Möglichkeit, vom Kauf / Verkauf zurückzutreten. Aber auch ein notariell beurkundeter Immobilien-Vorvertrag stellt keinen Zwang dar, er ist eine Absichtserklärung. Lediglich das Thema Schadenersatz kann rechtlich eine Rolle spielen, je nach Formulierung im Vorvertrag. Ein nicht notarieller Vorvertrag hat rechtlich gesehen keine tatsächliche Verpflichtungswirkung und ist daher im Prinzip ein wertloses Stück Papier. Der Grund dafür liegt darin, dass das Bürgerliche Gesetzbuch für die Übertragung von Immobilien eine notarielle Beurkundung fordert. So gesehen, sollte die Ausarbeitung des Hauptvertrags im Fokus stehen, statt dass unnötige Energie in den Abschluss eines Immobilien-Vorvertrags gesteckt wird.

Haftungsfragen

Verträge sind rechtlich bindende Dokumente. Das allgemeine Vertragsrecht sieht vor, dass Vertragspartner, die ihre vertraglichen Pflichten nicht oder nicht ordnungsgemäß erfüllen, für die Folgen haften müssen. Wie in der Einleitung schon erwähnt, leiden Immobilienmakler unter einem schlechten Ruf. Sie stehen in der Bau- und Immobilienbranche damit aber nicht ganz allein. Jeder, der schon einmal ein Haus gebaut hat, wird von Projektverzögerungen des Bauunternehmers und Baumängeln durch Handwerker berichten können.

Daher ist es nicht verwunderlich, dass in keiner Branche so viel geklagt wird wie in der Bau- und Immobilienbranche. Besonders Wohnungsmakler sind hier oft die Leidtragenden. Es ist beispielsweise nicht ungewöhnlich, wenn ein Vermieter versucht, den Makler haftbar zu machen, weil der neue, angeblich solvente Mieter schon nach kurzer Zeit die Mietzahlungen einstellt. Oder Mieter verlangen die Courtage zurück, weil die Wohnung einige Mängel aufweist, die der Makler hätte kennen und auf die er bei der Wohnungsbesichtigung hätte hinweisen müssen.

Solche Klagen sind oft nicht gerechtfertigt, denn ein Maklervertrag ist ein Werkvertrag. Ein Makler wird im Unterschied zu einem Dienstvertrag nicht für seine Tätigkeit, sondern für das Erreichen eines bestimmten Ergebnisses bezahlt. Wie der Wohnungsmakler einen vermietungswilligen Eigentümer mit einem potenziellen Mieter zusammenbringt, liegt vorrangig in seinem Ermessen. Kein Vertragspartner eines Maklers, weder der Vermieter noch der Wohnungssuchende, hat einen Anspruch auf die Durchführung bestimmter Handlungen, also beispielsweise irgendwelcher besonderen Überprüfungen. Daher kann der Vertragspartner den Makler auch nicht für Unterlassungen haftbar machen.

Dennoch kann ein Haftungsrisiko für Sie als Makler entstehen. Dieses tritt ein, wenn Sie Mietwohnungen bewerben oder Mieter für solche Wohnungen suchen, und dabei wissentlich falsche Angaben machen.

Wissentlich bedeutet in diesem Fall nicht nur, dass Sie wissen, dass die Angaben falsch sind, sondern auch, dass Sie nach menschlichem Ermessen wissen müssten, dass sie nicht stimmen.

Dies soll anhand eines Beispiels präzisiert werden. Typischerweise erstellt der Makler ein Exposé, um das Mietobjekt näher zu beschreiben und vorzustellen. Die dafür benötigten Angaben und Informationen stellt in der Regel der Eigentümer zur Verfügung. So weit, so gut. Ein auf Basis solcher Angaben erstelltes Maklerexposé begründet nach der gängigen Rechtsprechung keine Haftung des Maklers. Der Makler ist nicht dazu verpflichtet, die Informationen des Vermieters zu überprüfen und auf der Grundlage eigener Recherchen notwendige Korrekturen vorzunehmen. Anders sieht es aus, wenn er deutlich erkennt (oder erkennen müsste), dass die Angaben des Eigentümers nicht stimmen können. Auch bei einer selbstständigen Ergänzung oder Veränderung der Daten trägt der Makler die Verantwortung. Ein Makler, der aufgrund seiner Erfahrung Mängel an einem Objekt erkennt, muss den potenziellen Mieter wahrheitsgemäß aufklären. Nach einschlägigen Gerichtsentscheidungen muss der Makler auch Mängel ansprechen, die schon beseitigt wurden. Entscheidend für die Informationspflicht ist, dass der Makler von den Mängeln weiß.

Das Haftungsthema beziehungsweise das Haftungsrisiko lässt sich für Sie als Makler dahingehend zusammenfassen, dass alles, was Sie wissen oder wegen Ihrer Berufserfahrung wissen müssten, aber willentlich verschweigen, Ihnen auf die Füße fallen kann. Die rechtlichen Bestimmungen zur Maklertätigkeit sind in den §§ 652 bis 655 BGB nachzulesen. Daraus lässt sich tatsächlich nur ein geringes Haftungsrisiko für Sie als Makler ableiten. Seit Einführung des BGB haben sich allerdings einige Veränderungen im Berufsfeld des Immobilienmaklers ergeben, denen seit 1971 das „Gesetz zur Regelung der Wohnraumvermittlung" (WoVermRG) Rechnung trägt. Viel hat sich seitdem nicht getan, zumindest nicht das Haftungsthema betreffend.

Selbstverständlich gibt es noch andere Haftungsfallen, in die Sie im Zuge Ihrer Maklertätigkeit tappen können. Diese haben aber nichts mit der Vertragsgestaltung zu tun. Wenn Sie beispielsweise bei einer

Wohnungsbesichtigung einen Interessenten verletzen, weil Sie ihm beim Zuziehen einer Tür versehentlich den Finger einklemmen, oder wenn Sie bei der Erkundung der Wohnung unabsichtlich einen Schaden erzeugen, z.B. ein Fenster kaputtmachen, dann haben Sie Personen- bzw. Sachschäden erzeugt, für die Sie haftbar gemacht werden können. Da dies im Rahmen Ihrer Berufsausübung geschehen ist, kann eine private Haftpflichtversicherung hier nicht einspringen. Daher sollten Sie unter allen Umständen eine betriebliche Haftpflicht- und auch Rechtsschutzversicherung abschließen.

Die Akquise

Mit diesem Kapitel steigt der Leitfaden in die eigentliche Arbeit des Immobilienmaklers ein. Akquise läuft über geeignete Werbe- und Marketingaktivitäten. Da Marketing ein Themenkomplex ist, der Hunderte von Büchern füllen kann und der nicht nur für Immobilienmakler eine besondere Bedeutung hat, sollen an dieser Stelle vornehmlich ein paar praktische Tipps im Vordergrund stehen.

Es war angeblich Lee Iacocca, der einmal gesagt hat, dass 80 % aller Werbung umsonst ist, aber dass leider niemand wüsste, welche 20 % denn die wirklich effizienten Prozente sind. Das heißt, dass es nicht nur den einen richtigen Weg zur Kundenaufmerksamkeit gibt, sondern dass mehrere Aktivitäten zusammenspielen müssen, um letztendlich Erfolg zu haben.

Für einen Immobilienmakler gibt es grundsätzlich zwei Phasen der Akquise. Die erste Phase besteht darin, dass Sie sich selbst bekannt machen. Kunden, die einen Makler brauchen und einen Makler suchen, müssen so gelenkt werden, dass sie mit hoher Wahrscheinlichkeit bei der richtigen Adresse landen, also bei Ihnen. Die zweite Phase beginnt, wenn ein erster Kontakt hergestellt ist und ein konkretes Projekt im Raum steht. Dann gilt es, den Interessenten von Ihren eigenen Qualitäten zu überzeugen und den Maklervertrag abzuschließen.

Werbung und Kontaktaufnahme

Ganz egal, ob Neukunden oder Neuobjekte akquiriert werden sollen, im Marketing gibt es zwei grundsätzliche Konzepte der Werbung: Die Streubombe oder das Farming.

Unter der Streubombe wird eine möglichst großflächige Werbekampagne verstanden, die primär auf Masse setzt. Losgelöst davon, wo Sie als Immobilienmakler Ihren Sitz haben, wird auf regionale Gesichtspunkte keine Rücksicht genommen, sondern werden im großen Stil überregional Anzeigen geschaltet. Dabei gilt das Motto „Viel hilft viel." Irgendwo und irgendwie wird die Werbung Wirkung zeigen und es werden sich einige Neukunden auftun oder sich Neuobjekte anbieten. Diese Vorgehensweise birgt diverse Nachteile. Zum einen besteht die Gefahr erhöhter Aufwände. Um ein Exposé zu erstellen oder Besichtigungstermine durchzuführen, müssten Sie längere Reisen durchführen. Zum anderen ist es gerade für einen einzeln oder nur mit einer kleinen Anzahl von Beschäftigten tätigen Immobilienmakler fast nicht möglich, alle überregionalen Märkte zu kennen und die jeweiligen Randbedingungen einzuschätzen. Daher ist diese Methode eher für größere Maklerbüros mit mehreren Niederlassungen sinnvoll.

Das Farming steht der Streubombe diametral gegenüber. Besonders für kleinere Makler macht es Sinn, zunächst ein kleineres Feld zu beackern. Dabei geht es darum, einen klaren Aktionsradius festzulegen, der von der Basis des eigenen Büros aus gut abgedeckt werden kann. Neben konkreten Werbemaßnahmen gehört zum Farming jedoch auch dazu, dass Sie Ihre Kontakte pflegen und immer den lokalen Markt im Blick haben. Wo innerhalb Ihres Aktionsradius werden welche Immobilien zu welchen Preisen gehandelt? Die Beantwortung dieser Frage hilft dabei, Objekte realistisch einzuschätzen und Ihre Erfolgswahrscheinlichkeit bei der Akquise zu erhöhen. Farming bedeutet, sich zuerst in einem Heimatgebiet zu etablieren und einen guten Leumund zu erarbeiten. Wenn Sie bei den ersten Projekten und Kundenkontakten Kompetenz vermitteln können, dann ist davon auszugehen, dass zufriedene Kunden Ihr Maklerbüro weiterempfehlen werden. Inwieweit das Einzugsgebiet später erweitert werden kann, hängt dann natürlich auch vom Geschäftserfolg ab.

Der Kundenstamm eines Immobilienmaklers ist üblicherweise zweigeteilt. Sie werden mit gewerblichen Kunden zu tun haben, aber auch mit Privatkunden. Letztere haben in der Regel nicht so häufig Bedarf an

Maklerdienstleistungen. Mit oder über gewerbliche Kunden jedoch, die in der Tendenz häufiger auf Immobilienmakler angewiesen sind, können Sie sich durch Kontaktpflege ein Netzwerk aufbauen, das Ihnen hilft, neue Geschäftsgelegenheiten zu identifizieren. Ob es die Teilnahme an einem Unternehmerstammtisch oder an einer Werbegemeinschaft ist, wertvolle Informationen über Verkaufs- oder Kaufabsichten können überall lauern. Eine intensivere Form des Netzwerkens können konkrete Formen der Kooperation mit Bauunternehmern, Baufinanzierern, Hausverwaltungen, Handwerkern oder Gutachtern sein. Wenn Ihnen Opportunitäten auf diese Weise bekannt werden, besteht für Sie immer die Möglichkeit, sich durch persönliche Ansprache als Vermittler anzubieten.

Ihr lokales Feld beackern Sie auch durch klassische Werbemaßnahmen, beispielsweise durch das Verteilen von Flyern, das Schalten von Inseraten in Anzeigenblättern oder Tageszeitungen sowie das Aufstellen von Verkaufsgalgen. In vielen Städten werden auch Werbeflächen an Bushaltestellen, in der U-Bahn oder anderen Orten angeboten. Auch im Lokalradio kann ein Werbespot hilfreich sein. Sie können sich auch auf Stadtteil- oder Straßenfesten präsentieren oder einen Tag der offenen Tür organisieren. Wichtig ist es, sich ins Bewusstsein der Leute zu bringen und die Erinnerung daran wach zu halten. Wenn in Ihrem Einzugsgebiet der Bedarf an einer Maklerdienstleistung entsteht, dann soll Ihr Name der erste sein, der aus den Tiefen des Gedächtnisses hervorgekramt wird. Denken Sie daran, dass Sie als selbstständiger Immobilienmakler niemals außer Dienst sind. Wann immer Sie auf Veranstaltungen sind, auf Partys, Konferenzen, Seminaren oder einer Vernissage, führen Sie Gespräche und bleiben Sie kommunikativ. Wer weiß, welche Informationen Sie aufpicken können, aus denen sich eine Geschäftsmöglichkeit ergibt.

Kunden, die als Auftraggeber in Frage kommen, werden hauptsächlich in Ihrem Einzugsgebiet zu finden sein. Aber es gibt selbstverständlich auch Wohnungsinteressenten, die von weiter herkommen. Diese gilt es, spezifisch für die von Ihnen vermittelten Objekte zu interessieren. Und da führt in der heutigen Zeit kein Weg am Internet vorbei. Mit dem Internet sprechen Sie eine weiter entfernt wohnende Klientel an, aber auch die Klientel aus Ihrem Einzugsbereich. Googeln kann jeder. Und hier ist es wichtig, dass bei Suchanfragen nach spezifischen Objekten / Dienstleistungen für Ihre Region Ihr Maklerbüro weit oben in den Trefferlisten erscheint. Wenn Sie die von Ihnen vermittelten Objekte auf einschlägigen Portalen präsentieren, gibt es immer Möglichkeiten, diese Online-Anzeigen speziell hervorzuheben oder gegen eine geringe Gebühr besonders zu bewerben. Die Texte auf Ihrer eigenen Webseite sollten suchmaschinenoptimiert sein. Die Suchalgorithmen von Google und Co. sind immer irgendwelchen Änderungen unterworfen. Das heißt, Sie sollten sich professionellen Beistand suchen, der weiß, worauf die Suchalgorithmen besonders gut ansprechen. Pflegen Sie Ihre Webseite und sorgen Sie für Aktivität. Schreiben Sie beispielsweise einen Blog über Themen rund um das Maklerdasein. Stellen Sie dadurch Ihre Kompetenz dar und sammeln Sie mit der Platzierung der einen oder anderen Anekdote Sympathiepunkte. Nutzen Sie auch die sozialen Medien, um auf sich, Ihren Blog und neue Objekte aufmerksam zu machen. Auch hier sollten Sie sich vor geringen Kosten nicht scheuen, mit denen Sie Ihre Beiträge bewerben können.

Mediennutzung kann aber auch über das Internet hinausgehen. Gerade im gewerblichen Bereich lohnen sich stärkere Engagements. Sie können beispielsweise ein Buch schreiben oder erstmal mit einem Vortrag vor Fachpublikum beziehungsweise einem Artikel in einer Fachzeitschrift anfangen. Auch ein Interview in der Tageszeitung wird Sie potenziellen Kunden näherbringen. Und die Mitgliedschaft in einem Fachverband hilft Ihnen beim Netzwerken. Niemand kann wissen, ob ein zukünftiges Projekt nicht einmal eine überregionale Kooperation notwendig machen könnte.

Das Verkaufsgespräch

Wenn Sie einen Interessenten gefunden haben, entweder weil Sie ihn selbst aufgespürt haben oder weil er durch Ihre Werbemaßnahmen auf Sie aufmerksam geworden ist, steht das Verkaufsgespräch an. Dieser Termin ist für einen Immobilienmakler sehr wichtig, weil er die Grundlage für einen potenziell abzuschließenden Maklervertrag bildet. Meistens haben Sie nur diese eine Möglichkeit, den Kunden von sich zu überzeugen. Ein Verkaufsgespräch läuft üblicherweise in mehreren Phasen ab, die sich teilweise überschneiden können oder in Schleifen immer mal wieder im Gespräch auftauchen können. In den verschiedenen Phasen sind jeweils unterschiedliche soziale und fachliche Fähigkeiten gefragt. Im Laufe eines Verkaufsgesprächs müssen Sie Empathie zeigen, zuhören können, Kompetenz vermitteln, argumentieren und überzeugen können sowie Begeisterung vermitteln. Wenn Sie es schaffen, den Interessenten vom ersten Kontakt bis zum Abschluss des Maklervertrags zu begeistern und ihm ein gutes Gefühl zu geben, dann ist das optimal. Falls Ihnen aber schon der Einstieg misslingt, bedeutet es ein hartes Stück Arbeit, den Interessenten wieder an Bord zu holen. Aber auch, wenn Sie im Verlauf des Gesprächs die Ziele des Interessenten korrekt erfasst haben und ein attraktives Angebot machen konnten, kann der Abschluss trotzdem verhungern, weil beispielsweise ein entsprechendes Commitment fehlt. Deshalb müssen Sie in jeder Gesprächsphase mit Energie und Konzentration dabei sein.

Vor jedem Verkaufsgespräch steht selbstverständlich immer eine gute **Vorbereitung**. Machen Sie sich mit den Unterlagen vertraut, die der Interessent im Vorfeld übermittelt hat. Notieren Sie sich spezifische Fragen, die sich aus den Papieren ergeben. Notieren Sie auch allgemeine Fragen, deren Antworten aus den bereitstehenden Informationen nicht herauszulesen sind. Überlegen Sie, wie ein konkretes Angebot an den Interessenten schon aussehen könnte, auch wenn Ihnen noch wichtige Informationen fehlen. Gehen Sie über die Projektinformationen hinaus. Sammeln Sie Informationen über Ihren Kunden. Sind

Vorlieben oder Tätigkeitsfelder bekannt, mit denen Sie beim Smalltalk das Eis brechen können?

Der **Gesprächseinstieg** beinhaltet neben der **Begrüßung** auch ein bisschen **Smalltalk** zum Aufwärmen und das **Abstecken der Erwartungshaltung**. Um die Atmosphäre zu entspannen, sollten Sie Ihrem Kunden Getränke und / oder Kekse anbieten. Wenn Sie im Vorfeld schon ein Lieblingsthema Ihres Kunden kennen, dann können Sie beim Smalltalk direkt darauf eingehen und ihn emotional auf Ihre Seite ziehen. Den inhaltlichen Einstieg in das Verkaufsgespräch beginnen Sie, indem Sie den formalen Gesprächsrahmen abstecken. Legen Sie gemeinsam fest, welches Ziel Sie im Rahmen dieses Gesprächs erreichen wollen. Soll am Ende des Gesprächs schon ein fertiger Vertragsentwurf stehen oder nur eine Art gemeinsame Absichtserklärung?

Die sich anschließende Phase ist die **Bedarfsanalyse**. In dieser Phase eruieren Sie die genauen Verkaufsziele des Interessenten. Sie lassen sich seine Situation und seine Erwartungshaltung hinsichtlich des zu vermittelnden Objekts beschreiben. Fangen Sie die Signale auf, die er aussendet. Hören Sie dabei aktiv zu und stellen Sie Nachfragen, um etwaige Unklarheiten auszuräumen und ein gemeinsames Verständnis zu entwickeln.

Danach kommt die **Präsentations-** beziehungsweise **Angebotsphase**. Hier sind Sie am Zug. Aufgrund Ihrer Vorüberlegungen und der frisch erhaltenen Informationen legen Sie dar, wie aus Ihrer Sicht die Lösung aussehen könnte. Wenn Sie erkennen, dass Ihr Ansatz Abweichungen zur Erwartung des Kunden enthält, sollten Sie diese proaktiv erklären und die ihren Sinn mit Beispielen aus Ihrem Erfahrungsschatz unterfüttern.

Nichtsdestotrotz ist in der nächsten Phase mit **Einwänden** zu rechnen, die nun behandelt werden müssen. Hier müssen Sie behutsam vorgehen. Einerseits müssen Sie die Einwände ernst nehmen, andererseits müssen Sie sie argumentativ widerlegen. Dabei sollten Sie nicht auf Standardfloskeln zurückgreifen, sondern Ihre Argumentationslinie am spezifischen Kundennutzen ausrichten. Sie müssen Ihren Kunden davon überzeugen, welche Vorteile er aus der von Ihnen vorgeschlagenen Vorgehensweise ziehen kann. Nehmen Sie seine Ziele und Werte und bauen Ihre Argumentation darauf auf.

Wenn die fachlichen Aspekte Ihres Angebots erfolgreich geklärt sind, beginnt die eigentliche **Verhandlung**. Im Kern geht es bei Immobilienmakler-Dienstleistungen hier um die Höhe der Courtage. Auch hier müssen Sie die Signale, die der Kunde hinsichtlich seiner Abschluss- und Zahlungsbereitschaft aussendet, passend deuten. Aber selbstverständlich hat nicht nur er eine Schmerzgrenze, sondern auch Sie. Unter Wert sollten Sie sich nicht verkaufen. Machen Sie deutlich, welcher Aufwand hinter Ihrer Dienstleistung steht und welche Vorteile er daraus zieht.

Zum **Abschluss** des Verkaufsgesprächs sollten Sie auf eine höchstmögliche Verbindlichkeit hinarbeiten. Je detaillierter Sie die nächsten Schritte besprechen und festziehen, desto höher ist die Wahrscheinlichkeit, dass der Maklervertrag wirklich zustande kommt. Im Idealfall wird er sogar direkt unterzeichnet, aber meist gibt es immer noch ein paar Punkte auf beiden Seiten zu klären. Killerphrasen wie „Ich muss noch mal eine Nacht darüber schlafen“ sind oft ein schlechtes Zeichen, müssen es aber nicht sein.

Die **Nachbereitung** sollten Sie auch nicht vergessen. Meistens hat jede Partei ein paar Aktionspunkte aus dem Gespräch mitgenommen. Arbeiten Sie diese schnell und zuverlässig ab und haken Sie aktiv nach, wenn bei Ihrem Kunden Verzögerungen auftreten. Eine Schludrigkeit Ihrerseits bei der Nachbereitung kann das gesamte Konstrukt noch einmal gefährden.

Die Wertermittlung

Viele potenzielle Interessenten, die Ihre Dienstleistung als Immobilienmakler in Anspruch nehmen wollen, und viele Interessenten, die sich für von Ihnen vermittelte Objekte interessieren, haben häufig eine Vorstellung vom Preis der Immobilie, die weit von der Realität entfernt ist.

Zum Verkauf einer Immobilie muss ihr Verkehrswert realistisch ermittelt. Der aktuelle Wert hat nichts mit dem Preis zu tun, der vor zehn oder zwanzig Jahren dafür bezahlt wurde. Der Marktwert wird bestimmt von Angebot und Nachfrage. Das heißt, er entspricht dem, was ein durchschnittlicher Käufer zu einem bestimmten Zeitpunkt an einem bestimmten Standort für das bestimmte Objekt in seinem aktuellen Zustand und mit seiner gegebenen Ausstattung zu zahlen bereit ist. Kostenlose Immobilienrechner im Internet beziehen niemals alle Faktoren mit ein, die für eine realistische Wertermittlung relevant sind. Als Immobilienmakler müssen Sie die Dienstleistung der Wertermittlung in Ihr Portfolio integrieren. Dafür müssen Sie sich immer ein genaues Bild von der Immobilie machen (z.B. auch Mängel aufnehmen) und das lokale Marktgeschehen und die allgemeine Preisentwicklung im Blick haben. Zusätzlich müssen Sie wissen, welche Art der Wertermittlung die richtige für den entsprechenden Immobilientyp ist.

Bei Einfamilienhäusern, eigengenutzten Eigentumswohnungen oder bebauten Feriengrundstücken hat sich das **Sachwertverfahren** etabliert. Der Verkehrswert des Gebäudes wird aus den Herstellungskosten abgeleitet. Als Berechnungsgrundlage dienen die Kosten, die bei einem Neubau des Gebäudes anfallen würden. Darauf wird ein Marktanpassungsfaktor angewandt. Im Kern wird der Wert der Bausubstanz und des Grundstücks ermittelt. Allerdings hat dieses Verfahren den Nachteil, dass das Marktgeschehen unzureichend berücksichtigt wird und dass bei modernen Bauweisen (z.B. Passivhäuser) nur eine geringe Datenbasis vorliegt.

Das **Ertragswertverfahren** kommt besonders dann zum Einsatz, wenn die Immobilie bewirtschaftet wird oder ein Renditeobjekt ist. Dies gilt beispielsweise für Mehrfamilienhäuser, Mietobjekte oder Gewerbeimmobilien wie Bürogebäude, Geschäftsräume oder Hotels. Im Vordergrund bei der Werteinschätzung steht der nachhaltig erzielbare Reinertrag, d.h. der Barwert, der sich aus Miete, Restnutzungsdauer und Zinssatz ergibt. Im Rahmen dieses Verfahrens ist die Marktanpassung zur Verkehrswertermittlung im Liegenschaftszinssatz enthalten. Dem realen Bezug zu den Zahlen der Vermietung stehen jedoch als Nachteile gegenüber, dass das Niedrigzinsumfeld (welches sich im Zuge der Inflation allerdings ändert; Stand Sommer 2022) unzureichend berücksichtigt wird und der tatsächliche Wert durch die Abhängigkeit von aktuellen Mietpreisen verfälscht werden kann.

Das am häufigsten eingesetzte Wertermittlungsverfahren ist das **Vergleichswertverfahren**. Es kommt sowohl zur Wertermittlung von Häusern als auch zur Wertermittlung von Eigentumswohnungen (bzw. Teileigentum) oder Grundstücken zum Zug. Im Rahmen des Vergleichswertverfahren werden Vergleichspreise möglichst gleichartiger Immobilien zum gleichen Zeitpunkt herangezogen, um den Verkehrswert festzulegen. Die Vorteile dieses Verfahrens sind seine Transparenz und die Marktorientierung, auch das Niedrigzinsumfeld wird ausreichend berücksichtigt. Nachteilig wird es lediglich, wenn zu wenig Vergleichsobjekte zur Verfügung stehen.

Checkliste: Wertbeeinflussende Faktoren zur Immobilienbewertung

1. Eckdaten

    a) Art der Immobilie (Haus, Wohnung, Etagenhaus, Reihenhaus, Villa, Gewerbe, etc.)
    b) Baujahr
    c) Fläche in m^2 (Wohn- und Grundstücksfläche)
    d) Anzahl der Räume und Raumaufteilung (Größenverhältnisse)
    e) Anzahl der Stockwerke
    f) Lage der Räume und Ausrichtung der Gebäude
        i) Zur Straße / zum Innenhof
        ii) Belichtung / Besonnung / Himmelsrichtung
        iii) Ausreichende Helligkeit / kein Wärmestau (Klimaanlage?)
    g) Energieeffizienzklasse (Dämmung, verbautes Material)
    h) Energiebedarf nach Energieausweis
    i) Zeitpunkt der letzten Modernisierung / Renovierung / Sanierung (Wann und was?)
    j) Sind Sanierungsarbeiten geplant? Wie hoch sind die Schätzkosten?
    k) Zustand und Ausgestaltung
        i) des Gebäudes
        ii) des Daches (Schiefer, Tonfachpfannen, Bitumen, Metallblech, etc.)
        iii) des Mauerwerks (Typ, Ziegel, Skelett, Fachwerk, Stahlbeton, Leichtbeton, Dicke)
        iv) der Fassade (verblendet, verputzt, etc.)
        v) der Dämmung (Innen, Außen, Dach, Kern, Materialien, etc.)
        vi) der Fenster (Kunststoff, Alu, Holz, Verglasung, Jalousien, Markisen)
        vii) Türen (inkl. Material)

viii) des Bodenbelags (Parkett, Naturstein, Fliesen, Laminat, knarrt irgendetwas?. etc.)
ix) der technischen und sanitären Einrichtungen (Rohrleitungen, etc.)
x) der Heizung (Art der Heizung, Alter, Stand der Technik, Zustand und Art der Heizkörper)
xi) der Elektrik (Beleuchtungsanschlüsse, Steckdosen, Verkabelung Unterputz / Aufputz, Starkstrom, E-Auto-Lademöglichkeit)

l) Ausstattung
   i) Balkon
   ii) Terrasse
   iii) Loggia
   iv) Garten
   v) Wintergarten
   vi) Keller
   vii) Ausgebauter Dachboden
   viii) Einliegerwohnung
   ix) Separates Gäste-WC
   x) Weiteres (Parkettböden, Einbauküche, hochwertige Armaturen, Fahrstuhl, Einbaugeräte, Möbel zu übernehmen, Sicherheits- und Überwachungssysteme, etc.)
m) Mängelliste (Bauschäden, Feuchtigkeit, Schimmel, Renovierungsbedarf, etc.)
n) Frühere Schäden, die mittlerweile behoben sind
o) Gibt es offene Forderungen?
p) Aktuelle Nutzung (leerstehend, vermietet → Mietvertrag vorhanden, Eigennutzung, etc.)

2. Lage / Grundstück

   a) Adresse

b) In welchem Wohnumfeld befindet sich die Immobilie? (Stadt, Ortskern, Innenstadt, Land, Randbezirk, Ansehen der Wohngegend, gemischtes Wohn-/Gewerbegebiet, etc.)
c) Gibt es Zufahrten / Gehsteige? (Asphalt, Schotter, Pflaster)
d) Ist das Grundstück an das Wasser-, Strom- und Telefonnetz (schnelles Internet, TV-Anschluss) angebunden?
e) Sind alle Erschließungskosten abbezahlt?
f) Gibt es Einkaufsmöglichkeiten in der Nähe?
g) Gibt es PKW-Stellplätze?
h) (Tief-)Garage
i) Carport
j) Außenstellplätze
k) Befinden sich Schulen / Kindergärten in der Nähe?
l) Naherholung möglich?
m) Wie ist die ÖPNV-Anbindung?
n) Wie ist die sonstige Verkehrsanbindung (Schnellstraße, Autobahn, etc.)
o) Befinden sich Ärzte in unmittelbarer Umgebung?
p) Gibt es besondere Grundstücks- / Ausstattungsmerkmale? (Sackgassenlage, Hanggrundstück, Schnitt, Architektur, etc.)
q) Gefährdungspotenziale (Hochwasser, Erdrutsch, Altlasten aus Vornutzung, etc.)
r) Ausblick (Berge, Wald, Stadt, Industriegebäude, etc.)
s) Gibt es eingetragene Wegerechte oder andere Belastungen?
t) Dürfen weitere Bauvorhaben realisiert werden? (Carport-Bau, Wintergartenanbau, Erweiterung, etc.)
u) Wie sehen die Grundstücksgrenzen aus? (Mauer, Zaun, Art des Zauns, Hecken, etc.)
v) Ist ein Garten angelegt und gepflegt? (wie ist der Garten gestaltet, Rasen, Bäume, Beete)
w) Gibt es Beeinträchtigungen durch die Lage? (Lärm, Gerüche, Strahlen, Erschütterungen durch Bahnlinie, etc.)

Das perfekte Immobilien-Exposé

Spätestens, wenn Sie das Exposé für das zu vermittelnde Objekt erstellen, sollten Sie die notwendigen Unterlagen bereithalten, in die Sie späteren Interessenten dann auch Einsicht gewähren können. Idealerweise standen Ihnen diese Dinge auch schon bei der Wertermittlung zur Verfügung. Zu diesen Unterlagen gehören:

- Lageplan und Flurstücksnummer
- Grundriss
- Wärmeschutznachweis (DIN) und Schornsteinfegerprotokolle
- Grundbuchauszug
- Aktuelle Nebenkostenabrechnung
- gegebenenfalls Sachverständigengutachten
- Bebauungsplan

Bedenken Sie, dass das Exposé Ihr Aushängeschild für das zu vermittelnde Objekt ist. Je aussagekräftiger Ihr Exposé ist, desto schneller und sicherer kommen Sie damit zum Vermittlungserfolg. Präsentation ist mehr als die halbe Miete.

Der Inhalt

Aufbauend auf all den Informationen, die Sie auch schon zur Wertermittlung genutzt haben, erstellen Sie das Exposé. Sowohl das etwas kürzere Online-Exposé als auch das umfangreichere Dokument, welches Sie in Papierform oder als elektronische Datei verschicken, sollten **alle wichtigen Informationen** enthalten, die für die Suchenden interessant sind. Dazu gehören sämtliche Informationen, die das Objekt charakterisieren (beispielsweise zu Dach, Heizung, Baujahr, Zustand, Quadratmeterangaben der einzelnen Räume, Ausstattungsmerkmalen wie

Bodenbeläge, Balkon, etc.). Aber auch die Angaben zur umgebenden Infrastruktur wie nahe gelegene Schulen, Kindergärten, Verkehrsanbindungen, Bushaltestellen und Einkaufsmöglichkeiten müssen berücksichtigt werden. Dabei ist immer Augenmaß gefragt. Der Leitsatz ist: So viel wie nötig, so kurz wie möglich. Bleiben Sie in der Darstellung klar, sachlich und eher aufzählend. Vermeiden Sie allzu fantasievolle Ausschmückungen und bleiben Sie auf dem Boden der Tatsachen.

Etwas anders sieht es bei der **Überschrift** aus. Sie brauchen eine gelungene Überschrift, um die Aufmerksamkeit der Suchenden zu erregen. Das ist immer eine gewisse Gratwanderung. Eine ausgefallene Überschrift kann zwar attraktiv sein, es kann im Google-Zeitalter der Suchmaschinenoptimierung allerdings auch dazu führen, dass das Fehlen bestimmter Schlüsselwörter Ihr Exposé durch das Raster fallen lässt. Außerdem sollte die Überschrift kurz sein. Also zusammengefasst: kurz, knackig, pfiffig und informativ. Das hört sich nach der Quadratur des Kreises an. Aber Sie können beispielsweise versuchen, den Objekttyp mit der Quadratmeterzahl als Standardangaben zu integrieren und dann noch eine besondere Eigenschaft des Objekts in der Überschrift herauszustreichen. Überlegen Sie, welches Alleinstellungsmerkmal das Objekt hat. Stecken Sie etwas Zeit und Kreativität in die Headline. Es lohnt sich.

Was beim Essen gilt, gilt auch beim Exposé: Das Auge isst mit. Nutzen Sie die digitalen Möglichkeiten, die sich durch das Internet eröffnen. Sie haben gerade online die Möglichkeit, das Exposé mit aussagekräftigen, aber auch attraktiven **Bildern und Fotos** anzureichern, um das Objekt schmackhaft zu machen. Dabei ist es auch nicht verboten, auf ein Bildbearbeitungsprogramm zurückzugreifen. Bewährt haben sich Bilder, die vor blauem Himmel aufgenommen wurden. Entfernen Sie störende Gegenstände, machen Sie Fotos vom Garten, wenn die Blumen in voller Blüte stehen. Machen Sie auch Bilder von den Innenräumen, die dem Leser des Exposés einen Eindruck von der Raumaufteilung vermitteln. Zu den Bebilderungen gehört auch ein einfach lesbarer und verständlicher Grundriss. Die Bilder sind in der Regel der Schlüssel dafür, ob ein Suchender letztendlich ein ernsthafteres Interesse entwickelt. Der Vorteil einer guten Bebilderung liegt darin, dass Sie vielleicht weniger Anfragen bekommen, dass diese aber substanzieller sind. So ersparen Sie sich überflüssige Arbeit und können auf unnötige Besichtigungen verzichten.

Platzierung und Response

Das Thema Werbung und Marketing wurde schon im Kapitel zur Akquise angesprochen. Eine gute Platzierung des Exposés im Internet ist wichtig, sowohl auf einschlägigen Plattformen als auch auf Ihrer Webseite. Nutzen Sie die Möglichkeiten der zielgruppengenauen Ansprache und der erhöhten Visibilität, die Ihnen die einzelnen Plattformen bieten.

Machen Sie sich darüber hinaus bewusst, dass das Internet ein schnelles Medium ist. Ein Suchender, der sich auf Ihr Exposé hin per E-Mail oder Kontaktformular bei Ihnen meldet, hat höchstwahrscheinlich noch weitere Anfragen abgesetzt. In diesem Fall ist Geschwindigkeit das Gebot der Stunde. Wenn Sie schnell reagieren und jede Anfrage direkt beantworten, sammeln Sie allein durch Ihre rasche Response bereits Pluspunkte beim Interessenten. Verschwenden Sie keine wertvollen Kontakte, indem Sie hier schludern. Machen Sie Ihre Antwort aber auch von der Art der Anfrage abhängig. Erhalten Sie beispielsweise eine Anfrage, in der weder Telefonnummer noch Adresse angegeben sind, antworten Sie am besten mit einer standardisierten E-Mail. Bitten Sie den Interessenten zunächst höflich um weitere Daten, bevor Sie einen tiefergehenden Informationsaustauch beginnen.

Klappt die Kontaktaufnahme jedoch, dann hat das Exposé seine Aufgabe erfüllt. Auf Sie wartet nun der nächste Schritt, die Hausbesichtigung.

Die Hausbesichtigung

Auch wenn jeder Schritt im Tätigkeitsprofil eines Immobilienmaklers eine eigene Bedeutung und Wichtigkeit hat, so ist letztendlich die Hausbesichtigung wahrscheinlich der entscheidende Baustein, der über einen erfolgreichen Abschluss entscheidet. Deshalb sollte diese gut vorbereitet werden. Als Immobilienmakler sind Sie ein Agent. Sie handeln im Auftrag eines Prinzipals und wollen mit einer dritten Partei einen Hauptvertrag herbeiführen.

Die Rolle, die Sie im Auftrag des Prinzipals einnehmen, ist meistens die eines Verkäufers oder Vermieters, kann aber auch die eines Käufers oder Mieters sein. Sie müssen demnach in der Lage sein, sich in beide potenziellen Vertragsparteien hineinzuversetzen. Diese Fähigkeit sollten Sie bei der Hausbesichtigung nutzen. Wenn Sie im Auftrag des Verkäufers oder Vermieters auftreten, sollten Sie bei der Vorbereitung der Hausbesichtigung nicht nur die Präsentation des Objekts im Kopf haben, sondern sich auch Fragen der anderen Seite vergegenwärtigen und die Antworten darauf parat haben. Andererseits, wenn Sie die Rolle des Suchenden einnehmen, sollten Sie nicht nur stumpf eine Fragenliste abarbeiten, sondern aufgrund Ihrer Erfahrung auch die Schwachstellen einer Objektpräsentation identifizieren können und wissen, wo Sie gegebenenfalls genauer hinschauen müssen.

Der Tatsache geschuldet, dass Immobilienmakler auf beiden Seiten stehen können, sollen an dieser Stelle beide Sichtweisen zur Vorbereitung einer Hausbesichtigung dargelegt werden. Für beide Seiten gilt, dass eine sorgfältige Vorbereitung Pflicht ist, denn es geht um eine Entscheidung, in der viel Geld eine große Rolle spielt.

Die Checkliste für Käufer / Mieter

Auf der Suche nach einer geeigneten Immobilie haben Sie aus einer Flut von Angeboten ein oder vielleicht auch mehrere Objekte herausgefiltert, die sowohl Ihren inhaltlichen als auch Ihren finanziellen Vorstellungen nahekommen (beziehungsweise den Vorstellungen Ihres Auftraggebers). Aus allen bisher vorliegenden Informationen lässt sich für Sie ein stimmiges Bild konstruieren, das es nun im Rahmen der Hausbesichtigung zu überprüfen gilt.

Die weiter oben schon aufgeführte Checkliste zu wertbeeinflussenden Faktoren ist bei der Vorbereitung eine große Hilfe. Sie ist in zwei Blöcke gegliedert. Im ersten Block geht es um das Gebäude oder die Wohnung an sich, im zweiten Block um die Lage und darum, in welcher Umgebung das Grundstück angesiedelt ist.

Nehmen Sie sich zunächst den zweiten Block vor und markieren Sie die Themen, die für Sie Priorität haben. Je nach persönlicher Lebenssituation kann beispielsweise das Vorhandensein einer Schule in der Nähe ein Top-Kriterium sein oder absolut vernachlässigt werden. Sie sollten die Lage des Objekts vor dem Besichtigungstermin bereits vor Ort auskundschaften. Welche infrastrukturellen Angebote gibt es in unmittelbarer Nachbarschaft. Welchen Gesamteindruck macht die Wohngegend? Dabei ist es nicht unerheblich, wann Sie das machen. Wenn die Hausbesichtigung mit dem Verkäufer auf einem Werktag liegt, sollten Sie die eigene Vorbesichtigung beispielsweise auf ein Wochenende legen. So erhalten Sie einen Eindruck von der Lärmsituation rund um das Objekt, die je nach Wochentag und Uhrzeit sehr stark variieren kann.

Wenn die Lagebeurteilung positiv ausgefallen ist, können Sie mit einem besseren Gefühl in die eigentliche Hausbesichtigung gehen. Nehmen Sie sich nun den ersten Block der Wertermittlungs-Checkliste vor und markieren Sie hier ebenfalls die persönlichen Prioritäten. Notieren Sie sich Fragen zu Themen, die Ihnen bisher noch unklar sind.

Für den Hausbesichtigungstermin sollten Sie sich unbedingt Unterstützung (sofern Sie als Immobilienmakler nicht schon über genügend eigene Erfahrung verfügen) holen. Grundsätzlich gilt, dass vier Augen mehr sehen als zwei. Und wenn die zwei zusätzlichen Augen zu einer neutralen Person gehören, die darüber hinaus noch über Fachwissen verfügt (beispielsweise ein befreundeter Architekt, Handwerker oder anderer Sachverständiger), dann sind Sie für die Hausbesichtigung gut gerüstet.

Fragen der Käufer, die die Verkäufer beantworten sollten

Es gibt Fragen, auf die sich ein Verkäufer unbedingt einstellen muss, weil Käufer sie fast schon zwangsläufig stellen. Daher geht es hier gar nicht darum, zwei unterschiedliche Sichtweisen darzustellen, sondern Punkte herauszustreichen, die bei der Hausbesichtigung unweigerlich zur Sprache kommen werden, wenn Sie nicht bereits im Vorfeld geklärt werden.

Vollständigkeit der Dokumente

Besonders beim Kauf einer Immobilie, nicht so sehr bei der Vermittlung einer Mietimmobilie, wird sich die Frage nach der Vollständigkeit der Dokumente stellen. Wer bei der Bank eine konkrete Finanzierungsanfrage zur Immobilie platziert, muss neben Unterlagen zur persönlichen Einkommenssituation auch Unterlagen zur Immobilie einreichen. Der Verkäufer oder Makler des Verkäufers sollte eine komplette Dokumentenmappe dabeihaben.

Wie wurde das Haus / die Wohnung bisher genutzt und was sind die Gründe für den Verkauf?

Es geht nicht zu sehr ins Private, wenn sich Käufer danach erkundigen, wie lange der Verkäufer das Haus bewohnt hat, seit wann und warum es nun verkauft werden soll und was dem Verkäufer bisher besonders an dem Haus gefallen hat. Auch wenn das Haus möbliert ist oder maßgeschneiderte Einbauten wie die Küche oder maßgeschneiderte Regale hat, kommen immer wieder Fragen dahingehend, welche Gegenstände übernommen werden können. Für den Verkäufer sollte das vorher feststehen, damit er umgehend darauf antworten kann.

Wie sieht die Nachbarschaft aus?

Das ist auch eine Frage, die etwas tiefer ins Menschliche geht. Wenn der Käufer Familie hat, wird ihn interessieren, wie kinderfreundlich die Nachbarschaft ist und ob seine Kinder dort Spielfreunde finden können. Wenn er selbst ein Kinderhasser ist, wird ihn Spiellärm in der Nachbarschaft stören. Gerade für Familien mit kleinen Kindern hängt der Wohngenuss im Haus davon ab, wer in direkter Nachbarschaft wohnt. **Als Verkäufer sollten Sie in der Lage sein, eine kurze Umfeldbeschreibung zu geben. Sie sollten dabei versuchen, ein aussagekräftiges und ehrliches Bild zu vermitteln, wie die Nachbarschaft strukturiert ist.**

Gibt es Einschränkungen bei etwaigen Umbauten?

Manchen Käufern kann es nach dem Kauf nicht schnell genug gehen mit Renovierungs- oder Umbauarbeiten. Es kann jedoch sein, dass es seitens der Kommune baurechtliche Beschränkungen oder Vorgaben gibt. Dazu können Denkmalschutzauflagen, aber auch die Farbgestaltung der Fassade gehören. Als Verkäufer oder Makler sollten Sie über diese Aspekte Bescheid wissen. Darüber hinaus wird auch oft gefragt, welche Wände tragend sind und welche nicht.

Wann steht das Haus frühestens zur Übernahme zur Verfügung?

Dem Verkäufer sollte bewusst sein, dass der Käufer oder Mieter einen Wechsel der Lebenssituation anstrebt, der geplant werden muss. Eine alte Mietwohnung muss gekündigt werden, ein altes Haus muss verkauft werden. Egal, ob es um Finanzierungsfragen oder die Abstimmung mit einem anderen Vermieter geht, es wird Fristen geben, die einzuhalten sind. Deshalb möchte der Käufer / Mieter in der Regel verlässliche Informationen, die die Gegenseite auch geben sollte.

Was kann man beim Preis noch machen?

Die unvermeidlichste aller Fragen. Dabei ist die Hausbesichtigung noch nicht die finale Phase der Immobilienvermittlung, aber sie ist – wie bereits erwähnt – eine sehr entscheidende Phase. Es ist davon auszugehen, dass beide Parteien sich einen Überblick verschafft haben, wie der örtliche Preisspiegel aussieht. Trotzdem wird es zu Diskussionen kommen. Die Käuferseite wird nach wertmindernden Faktoren suchen und beispielsweise Mängel oder Renovierungsbedarf ins Feld führen. Die Verkäuferseite sollte ihre eigenen Argumente parat haben. Wichtig ist, dass die Diskussion für beide Seiten sachlich bleibt, um sich auch nach der Hausbesichtigung die Chance auf den Abschluss zu erhalten. Das gilt besonders, wenn die Preisvorstellungen gar nicht so weit auseinanderliegen.

Wie lange lässt sich das Haus zwecks Klärung der Finanzierung reservieren?

Nicht jeder Käufer hat bei der Besichtigung schon ein fertiges Finanzierungskonzept. Aber sollte sich ein wahrhaft ernstes Interesse herausstellen, sollte der Verkäufer hier ein Entgegenkommen zeigen. Üblicherweise werden 14 Tage als Reservierungszeitraum angeboten. Hier ist oft eine mündliche Absprache angesagt. Es gibt jedoch auch schriftliche Reservierungsvereinbarungen, auf die im Kapitel Verkauf noch einmal näher eingegangen wird. Das Thema Immobilien-Vorvertrag wurde an anderer Stelle schon diskutiert. Der dafür notwendige Aufwand inklusive notarieller Beglaubigung lohnt sich in der Regel nicht.

Wo besteht noch zusätzlicher Klärungsbedarf?

Wenn beide Parteien ihre Frage- und Checklisten abgearbeitet haben, kann es sein, dass in einigen Punkten noch ein gewisser Klärungsbedarf besteht. Beide Parteien sollten sich hier ihre Notizen machen und nach der Hausbesichtigung an die Beantwortung der Fragen gehen.

Die Verkäufer-Perspektive: Die richtige Vorbereitung des Besichtigungstermins

Genauso wie Käufer vor der Besichtigung das Umfeld des Immobilienobjekts in Augenschein nehmen können, sollte auch die Verkäuferseite ein paar vorbereitende Maßnahmen treffen. Viele Dinge, die Sie als beauftragter Makler – oder als Verkäufer selbst – tun können, rücken das Objekt in ein besseres Licht, ohne dass gleich davon die Rede sein muss, dass ein künstlicher beziehungsweise falscher guter Eindruck erzeugt wird.

Der gute Eindruck des Hauses

Haus und Garten sollten vor jeder Besichtigung auf Ordnung und Sauberkeit überprüft werden. Dazu gehören ein gemähter Rasen, geschnittene Hecken und aufgeräumte Innenräumlichkeiten. Alles sollte gepflegt aussehen. Daher ist es nie von Nachteil, wenn vorher saubergemacht wurde. Dicke Staubschichten, Spinnweben oder Schmutz anderer Art können abschreckend wirken und einen günstigen ersten Eindruck verhindern. Auch ein ausgiebiges Lüften vor dem Besuchstermin sorgt für ein besseres „Klima“. Sie können die Atmosphäre noch weiter verbessern, in dem Sie einen alten Trick anwenden und einen Apfelkuchen am Tag der Besichtigung backen. Der heimelige Geruch unterstützt den Eindruck, dass Sie nicht nur ein Stück Beton verkaufen, sondern ein echtes Zuhause.

In den USA feiert das Konzept des Home Staging bei der Immobilienvermittlung große Erfolge. So haben Umfragen unter US-Immobilienmaklern, die dieses Konzept anwenden, ergeben, dass damit die Verkaufszeit um 30 bis 50 % verkürzt und der Verkaufspreis im Durchschnitt um 10 bis 15 % in die Höhe geschraubt werden kann. Hinter dem Konzept des Home Staging verbirgt sich das professionelle Adaptieren von Immobilien. Dabei wird neben den oben genannten Aspekten des Reinigens und Entrümpelns gezielt mit innenarchitektonischen

Elementen wie Möbeln, Farbe, Licht, Wand- und Fußbodengestaltung gearbeitet, um der Immobilie ein Flair zu geben, das einen möglichst breiten Käuferkreis anspricht und ihr eine höhere Wertigkeit verleiht. Möbel und noch vorhandene persönliche Accessoires des Verkäufers werden zwar sparsam, aber doch so anregend in Szene gesetzt, dass ein potenzieller Käufer im Geist schon sofort damit beginnt, einen Raum mit eigenen Möbeln einzurichten. Es geht nicht darum, etwas vorzugeben, sondern den Interessenten positiv stimulieren.

Inhaltliche und persönliche Vorbereitung

Immer wieder kommt die Checkliste zur Wertermittlung ins Spiel, die Sie auch bei der Hausbesichtigung synergetisch nutzen können. Versetzen Sie sich in die Lage des Käufers und stellen Sie sich – konkret mit Bezug zur besichtigten Immobilie – vor, welche Fragen er stellen könnte. Notieren Sie sich die wichtigsten Punkte und bereiten Sie sich darauf vor, kompetent mit Zahlen und Fakten Rede und Antwort zu stehen, aber auch mit Argumenten auf Versuche des Interessenten zu reagieren, den Preis zu drücken. Um dabei persönlich einen guten Eindruck zu vermitteln (richtig, es geht nicht nur um das Haus, auch der Verkäufer trägt seinen Teil zum Gelingen des Verkaufs bei), sollten Sie kleine Hilfsmittel wie Zollstock, Stift und Notizblock dabei haben, um den Interessenten zu unterstützen. Auch wenn er selbst diese Utensilien mitbringt, signalisieren Sie doch mit dieser Geste, dass Sie nicht nur verkaufen, sondern auch helfen wollen. Der sichtbare Service-Gedanke kann sich nur positiv auswirken. Wenn Sie als beauftragter Immobilienmakler zusammen mit dem eigentlichen Verkäufer bei der Hausbesichtigung auftreten, dann sprechen Sie sich ab, wer welche Art von Fragen beantwortet. Nichts wäre schlimmer, als wenn Sie sich gegenseitig ins Wort fallen und verbessern würden.

Die Nachbereitung

Ebenfalls ein wichtiges Element der Hausbesichtigung ist die Nachbereitung. Hier geht es um Schnelligkeit und Korrektheit. Fragen der Interessenten, die beim Besichtigungstermin offen geblieben sind, sollten Sie zügig zu beantworten. Auch Unterlagen, die die Interessenten erbeten haben, sollten schnellstmöglich verschickt werden. Bleiben Sie konsequent am Ball und haken Sie nach ein paar Tagen nach, ob weiterhin Interesse an der Immobilie besteht. Mit der Zeit werden Sie als Immobilienmakler ein Gespür dafür entwickeln, mit welchen Interessenten die Reise weitergehen wird. Viele Käufer, denen das Objekt nicht zugesagt hat, melden sich nicht selbstständig, um abzusagen. Aber Sie sollten hier Gewissheit erzeugen und auf diese Weise herausfinden, wer als Interessent noch zu berücksichtigen ist. Falls sich nur noch Interessenten im Boot befinden, die allesamt mit dem Zielpreis ein Problem haben, sollten Sie spätestens jetzt prüfen, welche Zugeständnisse möglich sind.

Der Verkauf

Wenn für eine Immobilie ein oder mehrere potenzielle Käufer gefunden sind, dann geht es langsam, aber sicher in Richtung Abwicklung des Immobilienverkaufs. Dem können jedoch weitere Schritte vorgelagert sein.

Reservierungsvereinbarungen

In den Kapiteln zum Immobilien-Vorvertrag und bei den klassischen Käuferfragen wurde die Reservierung bereits thematisiert. Die Reservierungsvereinbarung gilt als ein typisches Werkzeug des Immobilienmaklers. Dabei ist jedoch zu beachten, dass sie rechtlich genauso wenig bindend ist wie ein nicht notariell beurkundeter Immobilien-Vorvertrag. Trotzdem kann sie sinnvoll sein. Die Reservierungsvereinbarung ist eine Zusicherung des Maklers an den Kaufinteressenten, das Objekt der Begierde für einen festgelegten Zeitraum an keinen weiteren Interessenten zu vergeben. Üblich sind hier zwei Wochen, damit der Interessent noch einmal in sich gehen und beispielsweise konkrete Fragen der Finanzierung abklären kann. Der Grad des Interesses sollte allerdings so hoch sein, dass eine positive Entscheidung deutlich wahrscheinlicher ist als eine negative. In einem solchen Fall entrichtet der Interessent eine Reservierungsgebühr und der Immobilienmakler startet üblicherweise auch keine neuen Werbeaktionen. Er darf sich aber durchaus andere Interessenten warmhalten – mit Verweis auf eine bestehende Reservierung.

Eine Reservierungsvereinbarung kann ganz simpel in privatschriftlicher Form geschlossen werden. Die Höhe der Reservierungsgebühr sollte bei etwa 5 – 10 % der Maklerprovision (und nicht der Kaufsumme) liegen. Dieser relativ niedrige Betrag ist wichtig, weil die Entscheidungsfreiheit des Käufers nicht beschnitten werden darf. Kommt ein notarieller Vertrag zustande, so wird die Gebühr auf die Maklerprovision angerechnet. Aus dieser Vorgehensweise folgt auch, dass Sie als Immobilienmakler nicht zu viele Reservierungsvereinbarungen abschließen sollten. Sie lohnt sich nur bei wirklich ernsthaften Interessenten.

Dies ist auch wichtig, um böses Blut zu vermeiden. Vor Gerichten wird nämlich das Thema der Rückzahlung bei Nichtzustandekommen des notariellen Kaufvertrags nicht einheitlich bewertet. Grundsätzlich kann der Immobilienmakler die Gebühr ganz oder teilweise einbehalten, wenn der Interessent die Immobilie nicht erwirbt. Um Klagen zu vermeiden, ist es jedoch auch aus Käufersicht sinnvoll, eine Reservierungsvereinbarung nur dann zu unterschreiben, wenn die prinzipielle Kaufentscheidung gefallen ist.

Trotzdem kann es natürlich vorkommen, dass die Frist verstreicht oder dass ein weiterer Kaufinteressent auftaucht, der sogar einen höheren Preis bezahlen würde. In solchen Fällen sollte immer erst der gütliche Weg beschritten werden. Der Käufer mit der Reservierungsvereinbarung sollte kontaktiert werden und gefragt werden, wie weiter vorgegangen werden soll. Auch eine Preisanpassung nach oben ist möglich. Der Reservierer sollte nicht ignorieren, wenn er sich unterhalb des Marktmöglichen bewegt.

Als Immobilienmakler sollten Sie darauf achten, dass Sie vom Verkäufer des Objekts einen Alleinauftrag erhalten haben, um Konfliktsituationen auszuschließen. Schließen Sie eine Reservierungsvereinbarung ab, obwohl Sie keinen Alleinvertretungsanspruch haben, dann kann der Verkäufer jederzeit ein anderes Angebot wahrnehmen, weil er nicht an Sie als Vermittler gebunden ist. In diesem Fall kann die Reservierungsvereinbarung ganz schnell nichtig werden. Dies wäre beispielsweise auch der Fall, wenn die Gebühr deutlich zu hoch angesetzt wird.

Die Abwicklung

Der eigentliche Verkaufsprozess gliedert sich in vier Schritte. Grundsätzlich übernimmt der Makler sämtliche Aufgaben zum Verkauf der Immobilie und entlastet den Verkäufer somit maximal.

Schritt 1: Es gibt einen Kaufinteressenten oder besser, es gibt sogar mehrere potenzielle Käufer. Die Hausbesichtigungen sind gut gelaufen und das Interesse der Käufer ist stabil geblieben. In diesem Fall treffen Sie eine Vorauswahl aus den möglichen Käufern und legen diese dem Verkäufer vor. Sie sprechen die Vor- und Nachteile mit ihm durch und lassen ihn entscheiden, mit wem der Vertrag abgeschlossen werden soll.

Schritt 2: Der Käufer ist identifiziert. Sie führen die noch notwendigen Verkaufsverhandlungen und prüfen die Bonität des Käufers.

Schritt 3: Nach Abschluss der Verhandlungen setzen Sie als Immobilienmakler den Hauptvertrag auf. Dabei stimmen Sie sich mit dem Notar und den beiden Vertragsparteien ab. Auch wenn es zur Beurkundung des Vertrags beim Notar kommt, sind Sie mit dabei.

Schritt 4: Zum Abschluss des Verkaufsprozesses steht die Schlüsselübergabe. Diese führen Sie stellvertretend für den Verkäufer durch. Damit sind alle Formalitäten abgewickelt, aber Sie bleiben als Immobilienmakler für beide Vertragsparteien der Ansprechpartner, falls im Nachgang noch weitere Fragen auftauchen.

Auch für den Fall, dass Sie als Immobilienmakler für einen Miet- oder Kaufinteressenten die Suche nach einem geeigneten Objekt übernehmen, entlasten Sie Ihren Auftraggeber hier weitestgehend und übernehmen für ihn die Aufgaben der Objektsuche und der Preisverhandlung. Sie beraten bei juristischen Fragen, kennen den Marktwert der Immobilie und helfen dem Käufer im Verlauf der gesamten Abwicklung und beim Vertragsabschluss. Auch hier übernehmen Sie die Vertragsgestaltung für den Notar und verantworten nach Erledigung sämtlicher organisatorischer Details die Objektübergabe. Und auch hier sind Sie nach der Abwicklung weiterhin kompetenter Ansprechpartner, wenn es Probleme gibt oder neue Fragen auftauchen.

Checkliste Hausverkauf: Diese Dokumente brauchen Sie

Nicht nur der Käufer einer Immobilie möchte Unterlagen zu dem Objekt einsehen. Auch der Notar und diverse Behörden brauchen das eine oder andere Dokument. Im Folgenden finden Sie eine Liste von Dokumenten, die Sie vor und nach dem Verkauf brauchen.

Vor dem Verkauf:

- Vollständige Baupläne inklusive Baubeschreibung
- Lageplan
- Genehmigter Bebauungsplan
- Grundbuchauszüge
- Berechnung von Nutz-, Wohn- und unbebauter Raumfläche
- Nur bei neueren Gebäuden: Abnahmebescheinigung der Baubehörde
- Sämtliche Informationen über eingetragene Grundschulden
- Energieausweis
- Preisliste mit allen zu veräußernden Gegenständen im und am Haus
- Vermessungsbestätigung
- Grundstücks-Grenzattest
- Urkunde der Baugenehmigung
- Auflistung der Modernisierung- und Instandhaltungsmaßnahmen
- Sanierungsvermerke
- Aktueller Grundsteuerbescheid
- Betriebskostenaufstellung
- Nachweis über Wohn- und anderweitige Nutzungsrechte
- Originale der Kaufverträge
- Gesammelte Protokolle

Nach dem Verkauf:

- Bedienungsanleitungen für sämtliche im Haus befindlichen Geräte
- Versicherungsurkunden
- Garantieurkunden
- Aktuelle Heizungs-, Wasser-, Grundsteuer- und Entsorgungsabrechnung
- Wartungsverträge
- Kopien wichtiger Reparaturrechnungen
- Aktuelle Bescheinigung über die Prüfung des Schornsteins und der Heizung
- Alle im Umlauf befindlichen Schlüssel

Keine Pflicht, aber die Kür

In den vorangegangenen Kapiteln haben Sie einen Einblick gewonnen, was der Immobilienmakler alles leistet und wo die Herausforderungen in diesem Berufsfeld liegen. Der Immobilienmakler nimmt seinen Kunden eine Menge Arbeit ab und sorgt damit für eine enorme Zeitersparnis. Die im Vertrag festgelegte Courtage bleibt immer gleich, ganz egal, ob der Makler eine oder zehn Hausbesichtigungen durchführen musste, bis sich ein passender Käufer gefunden hat. Aber es ist wie im richtigen Leben, manche Projekte laufen besser, manche schlechter, und irgendwie gleicht sich alles aus.
Um bei den Kunden jedoch mit Kompetenz zu punkten, hilft nicht nur das Wissen zur Wertermittlung oder zur Exposéerstellung, sondern auch weiteres Begleitwissen. Hintergrundwissen zu Fragen der Finanzierung oder zu steuerlichen Aspekten, mit dem Sie Ihren Kunden beratend zur Seite stehen können, ist von unschätzbarem Wert, wenn es darum geht, Kunden für einen Folgeauftrag zu gewinnen oder weiterempfohlen zu werden.

Finanzierung

An dieser Stelle geht es nicht darum, konkrete Handlungsempfehlungen zu definieren, sondern eher um eine grobe Übersicht, was Sie alles im Blick haben sollten, um Ihren Kunden und Interessenten auch hinsichtlich der Finanzierung ein paar Tipps zu geben. Der Markt ist ständig in Bewegung, und auch die jahrelange Niedrigzinspolitik neigt sich im Jahr 2022 dem Ende zu. Schon bei der Immobilienbewertung haben Sie diese Aspekte zumindest teilweise bereits berücksichtigen müssen. Aber auch, wenn es um Baukreditzinsen geht, sollten Sie einen Überblick darüber haben, welche Zinssätze gerade aktuell sind und mit welchen Laufzeiten und Zinsbindungsfristen sich für den Kreditnehmer günstige Kreditbedingungen erzielen lassen.

Am besten erstellen oder besorgen Sie sich einen Kreditrechner, in dem Sie mit den Variablen Kaufpreis, Zinssatz, Zinsbindung, Laufzeit, monatliche Rate, Tilgungsanteil und Eigenanteil des Käufers zur Finanzierung spielen können. Bei der richtigen Justierung aller Stellschrauben lassen sich für den Kreditnehmer effektiv mehrere Tausend Euro sparen.

Dabei ist natürlich zu beachten, dass nicht alle Parameter bei der Kreditaufnahme frei einstellbar sind. Sie sollten jedem Kaufinteressenten, der Sie nach Finanzierungstipps fragt, beispielsweise hinsichtlich der Laufzeit anraten, dass der Kredit spätestens bis zum Beginn des Ruhestands abbezahlt sein sollte. Danach sinkt das verfügbare Einkommen und die Raten sind schwerer zu tilgen.

Auch Zinsbindung und Zinshöhe sind nicht unabhängig voneinander zu betrachten. Natürlich ist es sinnvoll, nach einer möglichst langen Zinsbindung Ausschau zu halten, die mit einem möglichst niedrigen Kreditzins gekoppelt ist. Aber da sind die attraktiven Angebote in der Regel begrenzt. Meist wird bei langen Zinsbindungen von mehr als 20 oder 30 Jahren eine hohe Eigenkapitalquote von mindestens 20 % erwartet. Eine lange Zinsbindung bietet selbstverständlich die Sicherheit, dass steigende Zinsen in der Spätphase der Laufzeit nicht zu erhöhten Kosten führen. Wer allerdings in einer Hochzinsphase in einen Baukredit eingestiegen ist, der sollte nach einiger Zeit prüfen, ob nicht eine Kündigung und eine Neuaufnahme unter günstigeren Bedingungen möglich ist. Üblicherweise fallen nach mehr als 10 Jahren Laufzeit keine zusätzlichen Gebühren für eine solche Kündigung an.

Auch in Sachen Eigenkapital sollten Sie Ihren Kaufinteressenten ein paar Tipps mit auf den Weg geben können. Eine Komplettfinanzierung über Kredit ist unüblich und teuer. Wenigstens die Kaufnebenkosten (Grunderwerbsteuer, Notar und Ihre Maklerprovision) sollten aus Ersparnissen bestritten werden. Je höher der Eigenanteil insgesamt wird, desto niedrigere Zinsen lassen sich erreichen und desto einfacher wird es, überhaupt einen Kredit zu erhalten. Außerdem verringert sich bei einem hohen Eigenanteil die Laufzeit, das heißt, der Kredit ist schneller abbezahlt. Sollte Ihr Kunde jedoch über hochrentierliche Anlagen wie Aktien verfügen, ist es nicht unbedingt sinnvoll, diese zu verkaufen, um gute Kreditbedingungen noch weiter zu verbessern. In der Endabrechnung kann in einem solchen Fall unter dem Strich weniger dabei herauskommen.

Steuerliche Aspekte

Mit der Beratung in steuerlichen Fragen ist es so eine Sache. Manchmal tun sich sogar Steuerberater mit verbindlichen Aussagen schwer. Als Immobilienmakler sollten Sie bei Nachfragen Ihrer Nachfragen Ihrer Kunden auch grundsätzlich unverbindlich bleiben, aber der eine oder andere Hinweis darf ruhig sein.

Steuerliche Fragen spielen hauptsächlich beim Verkauf eine Rolle. Es gibt einige Voraussetzungen, die erfüllt sein müssen, um den Verkauf einer Immobilie steuerfrei abwickeln zu können. Diese Voraussetzungen sind selbstverständlich auf den Verkäufer anzuwenden, sind aber auch für Käufer interessant, wenn die eigene Lebensplanung einen späteren Wiederverkauf vorsieht. Da sich Gesetzgebungen auch ändern können, benennt dieser Leitfaden nur einige qualitative Aspekte im Sinne einer Checkliste, die im Einzelfall immer gegen die aktuelle Gesetzeslage gespiegelt werden müssen.

1. Die Spekulationsfrist muss abgelaufen sein. Das ist der Zeitraum, den ein Eigentümer die Immobilie besessen haben muss, damit kein „Gewinnstreben“ hinter dem Verkauf vermutet werden kann. Die Spekulationsfrist gilt für nicht selbstgenutzte Immobilien wie vermietete Wohnungen. Wer die Immobilie selbst nutzt, kann schon nach deutlich kürzerer Zeit steuerfrei verkaufen.

2. Der gewerbliche Hintergrund ist zu überprüfen. Wenn der Verkäufer in kurzer Zeit mehrere Immobilien veräußert, dann kann das als gewerbsmäßige Tätigkeit mit Gewinnabsicht eingestuft werden und ist steuerpflichtig.

3. Die Nutzungsart ist zu überprüfen. Eigennutzung ist steuerlich in vielen Punkten ein günstiger Umstand. Beispielsweise können Sie einem Käufer den Kauf einer Immobilie mit einer steuerfreien Rendite schmackhaft machen. Die eingesparte Miete gilt in diesem Fall als eine Art von Rendite, die steuerlich nicht so belastet wird wie andere Gewinne.

4. Auch Erbschaftsfragen sind bei Selbstnutzung zu klären, entweder aus Käufersicht (wann und wem soll die Immobilie einmal vererbt werden) oder aus Verkäufersicht (wie lange ist es her, dass die Immobilie geerbt wurde). Bei Ablauf gewisser Fristen sind erhebliche Steuererleichterungen zu erwarten.

Verbände und Netzwerke

Für Unternehmen der Immobilienwirtschaft, Immobilienverwalter und Grundstückseigentümer gibt es eine Vielzahl von Verbänden und Vereinigungen, die die entsprechenden Interessen vertreten und auch bei Gesetzgebungsverfahren gehört werden. Für den kleineren, selbstständigen, regional aufgestellten Immobilienmakler gibt es letztendlich zwei maßgebliche Verbände in Deutschland, die teilweise noch in regionalen Untergruppen organisiert sind, den IVD und den BVFI.

Die Tätigkeit des Immobilienmaklers stellt eine Dienstleistung dar, die von Vertrauen und auch einem Servicegedanken getragen ist. Gerade in der Immobilienbranche hört man immer wieder von

„schwarzen Schafen", die durch ihr Verhalten und Geschäftsgebaren auch die Reputation der seriösen Branchenvertreter beschädigen. Die Maklerverbände treten solchen Erscheinungen entgegen. Ihre Mitglieder orientieren sich an Standards, die dafür Sorge tragen, dass nicht nur der Makler zufrieden aus einem Immobilienverkauf herausgeht, sondern auch die beiden anderen beteiligten Vertragsparteien. Die Mitgliedschaft in einem solchen Verband signalisiert einem potenziellen Kunden Seriosität und Kompetenz, weil der Makler nicht einfach nur einem solchen Verband beitritt, sondern auch – zumindest im Fall des IVD – eine Aufnahmeprüfung ablegt. Das ist selbstverständlich auch für den Makler von Vorteil, weil er die Mitgliedschaft im Verband für sich werblich als eine Art Gütesiegel nutzen kann.

Darüber hinaus profitiert der Makler auch von den angebotenen Informationsveranstaltungen und Fortbildungen (die mittlerweile ja auch gesetzlich vorgeschrieben sind). Über Informationspakete, beispielsweise zu neuen gesetzlichen Entwicklungen und ihren Konsequenzen oder zu aktuellen Preisspiegeln, bleibt der Makler so immer auf dem neuesten Stand. Und selbstverständlich gibt es auch andere Hilfsangebote, die bei einer Mitgliedschaft greifen, seien es Schlichtungsangebote in Streitfällen oder Rechtsberatungen.

Bis zum Jahr 2010 war die Akzeptanz der etablierten Maklerverbände nur recht dürftig. Nur knapp 12 % – ca. 7.000 von geschätzt 60.000 – der Immobilienmakler gehörten diesen Verbänden an. Dies wurde zum Anlass genommen, den **BVFI – Bundesverband für die Immobilienwirtschaft** mit Sitz in Frankfurt als Praxisverband ins Leben zu rufen. Der Verband vertritt mittlerweile mehr als 12.000 Mitglieder und hat sich auf die Unterstützung und Qualifizierung klein- und mittelständischer Makler spezialisiert. Zu diesem Zweck veranstaltet er auch die jährlich stattfindende „DIM – Deutsche Immobilienmesse".

Der BVFI formuliert seine Ziele dahingehend, dass die Immobilienbranche vernetzt werden soll und damit auch Gemeinschaftsgeschäfte zwischen den bestehenden Mitgliedern gefördert werden sollen. Die Mitgliedschaft ist nicht nur auf Makler beschränkt, sondern ist auch

Haus- und Wohnungseigentümern oder Architekten zugänglich. Der Verband bietet Immobilien-Datenbanken (MLS), Arbeitshilfen sowie Vorlagen und unterschiedliche Tools an, die den Mitgliedern bei ihrer Arbeit helfen sollen. Auf der eigenen Akademie kann der Abschluss zum „Fachmakler der Immobilienwirtschaft BFVI" gemacht werden, der gleichzeitig den Sachkundenachweis garantiert.

Der **IVD - Immobilienverband Deutschland IVD Bundesverband der Immobilienberater, Makler, Verwalter und Sachverständigen e.V.** verfügt über die längere Historie. Seine ca. 6.000 Mitglieder sind nicht nur hauptsächlich Immobilienmakler, sondern auch Immobilienverwalter, Bewertungs-Sachverständige, Finanzierungs- und Finanzdienstleister, Projektentwickler, Facilitymanager, Bauträger sowie weitere Berufsgruppen der Immobilienbranche. Der IVD ging 2004 aus einer Fusion des Rings Deutscher Makler (RDM) mit dem Verband Deutscher Makler (VDM) hervor.

Der Verband sieht sich als Interessenvertretung und Stimme der Immobilienbranche. Als Ziele hat der Verband die Sicherung und Förderung der Berufsausübung der Mitglieder und die Verbesserung des öffentlichen Ansehens der Immobilienmakler ausgerufen. Zu diesem Zweck hat der IVD unter anderem Checklisten entwickelt, anhand derer die Kunden abprüfen können, welche Punkte ein seriöser Makler abzudecken hat. Der IVD stellt über eine Aufnahmeprüfung sicher, dass nur Mitglieder mit dem nötigen Fachwissen aufgenommen werden. Es gibt Vorschriften zu regelmäßigen Fort- und Weiterbildungen, die bei Nichtbeachtung zum Ausschluss der Mitglieder führen.

Insgesamt hat der BVFI ein moderneres Auftreten, welches auch auf die intensivere Nutzung von Social Media zurückzuführen ist. Die dadurch entstandenen Netzwerke sind besser ausgebaut. Die Aufnahmevoraussetzungen beim IVD sind jedoch strenger. Bei beiden Verbänden genießt der Immobilienmakler jedoch etliche Vorteile und kann diverse Hilfestellungen in Anspruch nehmen. Zusätzlich stellen die Vergünstigungen, beispielsweise beim Abschluss von Berufshaftpflicht- und Vermögensschadenversicherungen, bei beiden Verbänden noch einen echten finanziellen Benefit dar.

Es ist keine Pflicht, sich als Immobilienmakler einem Verband anzuschließen, aber es ist eine nicht zu verachtende Kür. Selbstverständlich können verpflichtende Weiterbildungen auch über die örtliche IHK absolviert werden, aber über die Verbände wird gleichzeitig ein Gütesiegel der Seriosität und der Kompetenz mitgeliefert, das bei der Kundenwerbung einen unschätzbaren Wert haben kann. Und auch die Nützlichkeit der anderen Hilfsangebote und Sonderkonditionen, die von den Verbänden angeboten werden, sind unbestritten. Daher ist es jedem Immobilienmakler, der diesen Beruf ernsthaft ausüben möchte, nur zu empfehlen, eine Verbandsmitgliedschaft anzustreben.

Resümee

Immobilienmakler spielen in der Immobilienwirtschaft eine zentrale Rolle. Laut einer Studie aus dem Jahr 2018 lag der Anteil von Immobilienverkäufen, die in Deutschland durch Immobilienmakler vermittelt wurden, bei etwa 40 % bis 45 %. Eine Quote von 30 % bis 35 % war auf private Veräußerungen zurückzuführen und der Rest wurde von gewerbsmäßigen Anbietern abgewickelt. Zu Letzteren gehören beispielsweise Wohnungsunternehmen, Bauträger oder Immobilienfonds.

Im Rahmen der Vermittlung übernehmen Immobilienmakler viele wichtige Arbeiten, die den Auftraggeber entlasten und dem Interessenten einen kompetenten Service garantieren. Eine Schwierigkeit bei der Veräußerung von Immobilien liegt in der Marktintransparenz, da der Verkehrswert oder der Nutzwert einer Immobilie nicht allein von der baulichen Ausstattung und dem Zustand abhängig ist, sondern auch durch viele Standortfaktoren beeinflusst wird. Der dadurch entstehende Informationsbedarf, sowohl auf Käufer- als auch auf Verkäuferseite, rechtfertigt die Einschaltung einer Intermediärsinstanz, wie sie ein Immobilienmakler darstellt, allemal.

Neben den „handwerklichen" Aufgaben der Exposéerstellung, der werblichen Präsentation der Immobilie, der Wertermittlung, der Durchführung von Besichtigungsterminen und der schlussendlichen Verkaufsabwicklung inklusive Hauptvertragsgestaltung steht der Immobilienmakler für drei Kernfunktionen im gesamten Prozess.

Im Rahmen der **Informationsfunktion** erhöht der Immobilienmakler die Markttransparenz, indem er durch seine Arbeit ein Informationsgefälle beseitigt. Er vermittelt Informationen über Preise, Qualitäten und Standorte. Außerdem ist sein marktspezifisches Wissen die Basis dafür, dass die Transaktionskosten (Aufwände für Informationsbeschaffung, Interessentensuche, Verhandlungskosten, Vertragsgebühren) gering gehalten werden.

Der letztgenannte Punkt führt zur **Interessenwahrnehmungsfunktion**. In deren Rahmen verfolgt der Makler die Zielvorgaben seines Auftraggebers und versucht, in dessen Interesse zu einem günstigen Abschluss zu kommen. Dabei ist der Immobilienmakler jedoch auch bemüht und sogar darauf angewiesen, einen Interessensausgleich herzustellen.

Die **Kontaktfunktion** des Immobilienmaklers ist ebenso essenziell. Durch seine Marktkenntnis und die ihm zur Verfügung stehenden Mittel kann er schneller und effizienter einen passenden Kontakt zwischen Anbietern und Nachfragern herstellen, als diese es selbst könnten. Aber nicht nur beim Zusammenbringen der beiden potenziellen Vertragsparteien, auch bei der Vertragsgestaltung sorgt er mit seinem Wissen für einen reibungsloseren Ablauf.

Alles in allem ist der Immobilienmakler die Instanz, die bei Immobilientransaktionen dafür sorgt, dass eine höhere Entscheidungssicherheit gewährleistet wird. Daher lässt sich über seine Marktfunktionen auch die Existenzberechtigung des Immobilienmaklers begründen. Und mit seiner Existenzberechtigung wird auch der Wert seiner Dienstleistungen begründet, der sich in der Höhe seiner Provision bemisst.

Trotz eines in weiten Teilen der Öffentlichkeit immer noch negativen Images ist nachgewiesen, dass ein Immobilienmakler bei Immobilientransaktionen einen wertvollen Beitrag zur Zeit- und Kostenersparnis leistet, der von allen beteiligten Parteien als nützlich empfunden wird. In den allermeisten Fällen muss von einer (dreifachen) Win-Win-Win-Situation gesprochen werden. Die Bemühungen der Maklerverbände, gegen den schlechten Ruf vorzugehen und durch die Einführung interner Qualitätsstandards das Wirken der „schwarzen Schafe" einzudämmen, werden in naher Zukunft Früchte tragen. Nicht nur durch die Arbeit der Verbände, auch durch gesetzliche Anpassungen in der Vergangenheit, ist der Beruf des Immobilienmaklers sicherlich anspruchsvoller geworden. Wenn Sie sich mit dem Gedanken tragen, diesen Beruf zu ergreifen, dann dürfen Sie sich darauf freuen, immer wieder neue Menschen und spannende Objekte kennenzulernen. Aber stellen Sie sich darauf ein, dass Sie ihr Wissen stetig erweitern müssen, um seriös und ernsthaft in dem Markt bestehen zu können.

Anhang: Muster Maklervertrag

Maklervertrag

Qualifizierter Alleinauftrag für den Immobilienverkauf.

Zwischen

____

Herrn | Frau | Eheleute | Firma

____

____

Adresse

nachfolgend Auftraggeber genannt
und

____

Maklerunternehmen

____

____

Adresse

nachfolgend Auftragnehmer genannt

wird folgender Maklervertrag geschlossen:

§ 1 Auftrag

1. Der Auftraggeber sichert zu, dass er Eigentümer des Auftragsobjekts ist und von anderen möglichen Miteigentümern oder Verfügungsberechtigten zum Abschluss dieses Maklervertrags bevollmächtigt ist.

Er beauftragt den Auftragnehmer mit dem Verkauf des folgenden Objekts:

____

____

____

Adresse

Beschreibung Immobilie

____

____

____

____

2. Das Auftragsobjekt soll zu einem Preis von

    ____________________ €

    auf dem Markt angeboten werden und zu einem Mindestpreis von

    ____________________ € verkauft werden.

§ 2 Rechte und Pflichten des Auftragnehmers

Der Auftragnehmer verpflichtet sich, sich intensiv um den Verkauf zu bemühen und alle erforderlichen Maßnahmen zu ergreifen, um einen schnellen Verkauf zum höchstmöglichen Preis zu realisieren.

1. Zu den Verkaufsmaßnahmen gehören insbesondere:
   - Verkaufsberatung und Wertermittlung vor Verkaufsstart
   - Erstellung eines aussagekräftigen und verkaufsfördernden Exposés
   - Bewerbung des Objekts in mindestens 3 überregionalen Internetportalen und auf der Website des Maklers
   - Telefonische und schriftliche Beantwortung von Anfragen von Kaufinteressenten
   - Durchführung von Besichtigungen
   - Verhandlungsführung über Kaufpreis und Vertragsmodalitäten im Interesse einer Einigung zwischen Käufer und Verkäufer
   - Mitwirkung bei der Vorbereitung des notariellen Kaufvertrages sowie der Teilnahme am notariellen Beurkundungstermin
   - ____
     ____

Alle Verkaufsmaßnahmen werden zwischen dem Auftraggeber und Auftragnehmer sorgfältig
abgestimmt.

2. Der Auftragnehmer darf weitere Makler nur einschalten, wenn dadurch dem Auftraggeber keine weiteren Kosten oder andere belastende Verpflichtungen entstehen.

3. Der Auftragnehmer verpflichtet sich, den Aufraggeber in regelmäßigen Abständen über den Stand seiner Verkaufsbemühungen zu unterrichten.

4. Der Auftragnehmer verpflichtet sich, diesen Maklervertrag mit der Sorgfalt eines ordentlichen Kaufmanns durchzuführen. Mögliche Schadensersatzansprüche bei Schlechtleistung sind auf grobe Fahrlässigkeit oder Vorsatz beschränkt.

5. Die Kosten für alle Verkaufsbemühungen gehen zu Lasten des Auftragnehmers.

§ 3 Rechte und Pflichten des Auftraggebers

1. Der Auftraggeber ist während der Vertragslaufzeit nicht berechtigt, weitere Makler parallel zu beauftragen oder das Objekt privat zu veräußern. Alle Interessenten oder Makler, die sich während des Verkaufs an ihn wenden, werden an den Auftragnehmer verwiesen, damit der Verkauf aus einer Hand gesteuert wird.

2. Der Auftraggeber verpflichtet sich, den Auftragnehmer unverzüglich über alle Umstände, die die Durchführung der Maklertätigkeit berühren, zu informieren. Dies gilt insbesondere im Hinblick auf die Aufgabe oder Änderung der Verkaufsabsicht.

3. Sollte der Auftraggeber den Alleinvertretungsanspruch des Auftragnehmers verletzen, indem er das Objekt während der Vertragslaufzeit privat oder über einen anderen Makler verkauft, verpflichtet er sich, dem Auftragnehmer die angefallenen Kosten in vollem Umfang zu erstatten.

§ 4 Maklerprovision

Nach Abschluss des notariellen Kaufvertrags zahlt der Auftraggeber dem Auftragnehmer nach Abschluss des notariellen Kaufvertrags eine Maklerprovision in Höhe von

_______________________ % des Kaufpreises (inkl. der gesetzlichen Mehrwertsteuer).

Zudem erhält der Auftragnehmer vom Käufer eine Maklerprovision in Höhe von

_____________________% des Kaufpreises (inkl. der gesetzlichen Mehrwertsteuer).

Burkard Weth

Shaker Media
ISBN 978-3-95631-785-9
90 Seiten
5 Abbildungen
Deutsch
Paperback
21 x 14,8 cm
12,90 EUR

Tipps für gute Lehrer

Viele Leute schrecken oft zurück, wenn ich Ihnen vorschlage, dass sie einmal meinen Job machen sollten: „Oh, das könnte ich nie machen!", rufen sie mit einem Schauder aus. Aber während die Arbeit wirklich oft nicht enden will und der Druck enorm und konstant sein kann, ist doch eines Gewiss: „Unterrichten ist wirklich der beste Job der Welt!"

Aber wie gelingt guter Unterricht? Einerseits ist der Beruf des Lehrers verantwortungsvoll und sehr komplex und stellt andererseits an die pädagogischen und kommunikativen Fähigkeiten des Lehrers hohe Anforderungen. Praxisnah schildert der Ratgeber wie Standardsituationen des Schulalltags und des außerschulischen Bereichs inkl. Unterrichtsvorbereitung gemeistert werden können und gibt motivierende, leicht umsetzbare Handlungsempfehlungen.

Auf anschauliche Weise wird Dir zudem erläutert, wie Du als guter Lehrer überlebst, Elterngespräche organisierst und auch nachhältst und wenn es notwendig ist, den Spagat zwischen Unterstützung und Bestrafung von Schülern oder Gruppen im Klassenverband schaffst.

„Ein guter Lehrer bleibt ein Schüler, bis ans Ende seiner Tage!"

Burkard Weth

Shaker Media
ISBN 978-3-95631-786-6
88 Seiten
Deutsch
Paperback
21 x 14,8 cm
13,90 EUR

Wege zum Selbstbewusstsein

Wenn es ein Werkzeug gibt, das Sie brauchen, um Ihr erfolgreiches Leben zu führen und nicht nur zu überleben, dann ist es das „Selbstbewusstsein", die Kraft an sich selbst und an seine Fähigkeiten zu glauben.
Das mangelnde Selbstbewusstsein ist ein weltweites gesellschaftliches Phänomen, das zunehmend Beachtung findet, da viele Menschen erkannt haben, wie effektiv Selbstbewusstsein bei der Lösung vieler Probleme des Lebens ist. Die Menschen, die wir bewundern, sind diejenigen, die zuversichtlich genug sind, die Art von Leben zu führen, die wir uns wünschen und wir können ihnen ähnlich werden oder noch besser, wenn wir uns darauf einstellen.
In diesem Ratgeber werde ich Sie durch die Wege zum Selbstbewusstsein führen. Dies geschieht nicht über Nacht und wird sich auf dem Weg entwickeln. Jede Veränderung beginnt mit einem ersten Schritt. Gehen Sie los!

Burkard Weth

Shaker Media

ISBN 978-3-95631-709-5

57 Seiten

Englisch

Paperback

21 x 14,8 cm

9,90 EUR

The Work of a Press Secretary

Have you ever read Dale Carnegie's timeless classic, "How to Win Friends and Influence People?"
It was published in 1936, but much of it is as powerful and relevant today as it was back then.
Whether you want to be more effective in business or you just want to have a better relationship with your friends, this book has sage advice.
It talks about respecting other people's opinions, avoiding arguments whenever possible, giving the opportunity for others to save face, never using harsh words like "you're wrong" …and so much more.

That's what you will discover in this guide.

- How press secretaries can deal with the press
- How press secretaries should conduct themselves
- How press secretaries should manage radio interviews
- 10 proven tips to get an interview on radio
- How press secretaries should manage TV interviews
- How press secretaries should handle on social media/internet